Jefferson Bethke

# JESUS war kein CHRIST

UND ANDERE ÜBERRASCHENDE NACHRICHTEN

AUS DEM ENGLISCHEN VON ELKE WIEMER

GerthMedien

*Für Kinsley.*
*Ich bete dafür, dass du diesen wunderbaren,*
*Leben spendenden Jesus kennenlernst*
*und dass er der Mittelpunkt deines Lebens wird.*
*Daddy und Mommy lieben dich so sehr.*

# INHALT

**Vorwort** ..... 9
**Einleitung: Ein Leben in Farbe** ..... 15

**Kapitel 1: Deine Geschichte ist anders, als du denkst** ..... 19
Die Liebe hat bestimmt, wer du bist,
bevor es jemand anders getan hat

**Kapitel 2: Der Tempel ist anders, als du denkst** ..... 47
Gott schlägt sein Zelt in deinem Garten auf

**Kapitel 3: Die Menschen sind anders, als du denkst** ..... 75
Sie sind deine Nächsten,
die du lieben und nicht benutzen sollst

**Kapitel 4: Du bist anders, als du denkst** ..... 103
Du bist eine Person aus der Zukunft

**Kapitel 5: Der Sabbat ist anders, als du denkst** ..... 125
Du ruhst, während du spielst

**Kapitel 6: Anbetung ist anders, als du denkst** ........................ 147
Du wirst, was du anbetest

**Kapitel 7: Das Reich Gottes ist woanders, als du denkst** .... 163
Es ist nicht oben im Himmel, es existiert hier und jetzt

**Kapitel 8: Zerbrochenheit ist anders, als du denkst** ............ 195
Nimm deine Verletzungen an

**Kapitel 9: Das Abendmahl ist anders, als du denkst** ........... 213
Es ist nicht einfach eine Mahlzeit; es ist ein heiliger Ort

**Schlusswort: Ein letztes Wort an meine Freunde** ................ 237
Mein Dank geht an … ........................................................ 241
Lesetipps ........................................................................ 243
Über den Autor ................................................................ 247
Quellennachweis .............................................................. 249

# VORWORT

Ehrlich gesagt gefiel ihm bloß der Rahmen.

Vier Dollar.

Mehr musste er 1989 an jenem Morgen auf dem Flohmarkt von Adamstown, Pennsylvania, nicht aus seinem Geldbeutel kramen, um einen seltsamen alten Bilderrahmen zu kaufen.

Er gab dem Verkäufer das Geld. Die trostlose kleine Landschaftsszenerie mit der unleserlichen Signatur, die auf die schmutzige, kaputte Leinwand gepinselt war, interessierte ihn nicht im Geringsten. Es war der vergoldete, verschnörkelte Rahmen, der seine Aufmerksamkeit erregt hatte.

Der Verkäufer nahm die vier Dollar. Und hatte nicht die leiseste Ahnung, dass der Rahmen und das Bild *nicht im Entferntesten das waren, was er dachte.*

Als der Käufer nach Hause kam, brach der geschmacklose Rahmen in seiner Hand auseinander. Es war nichts mehr zu retten.

*Klasse – vier Dollar für eine Handvoll Müll.*

Aber was geschah, als der Rahmen in seiner Hand auseinanderfiel und sich die zerstörte Leinwand löste?

Zwischen der kaputten Leinwand und der hölzernen Rückseite des Rahmens kam ein rissiges, gefaltetes Blatt Papier zum Vorschein, so groß wie ein Briefumschlag.

Langsam faltete er es auseinander. Er strich über die mit Tinte geschriebenen Worte.

Es war doch wohl nicht das, was da stand – *oder etwa doch?*

Als ein Freund vorbeikam, der historische Erinnerungsstücke sammelte, holte er das Blatt hervor, faltete es vorsichtig auseinander und ließ ihn einen Blick darauf werfen. Er lachte auf, als sein Freund es kopfschüttelnd und mit offenem Mund betrachtete.

„Was meinst du?"

„Lass es schätzen."

Und?

Dieses nur wenige Millimeter dicke, zusammengefaltete Stück Papier, das aus dem zerstörten Bilderrahmen gefallen war, war von John Dunlap gedruckt worden – *und zwar am 4. Juli 1776.*

Es stellte sich heraus, dass es sich dabei um eine von nur fünfhundert Erstdrucken *der Unabhängigkeitserklärung der Vereinigten Staaten* handelte.

Es stellte sich heraus, dass – soweit bekannt – nur noch dreiundzwanzig davon existieren, von denen bloß zwei in Privatbesitz sind – und jetzt dieser Druck. *Auf dem Flohmarkt erstanden.*

Der Druck wurde am 4. Juni 1991 versteigert, und als der Hammer fiel und der Auktionator „Verkauft!" rief, war aus einem vier Dollar teuren Bilderrahmen vom Flohmarkt ein Schatz von 2,4 Millionen geworden.

Und das war nicht das einzige Mal, dass so etwas passierte.

Stan Caffy, ein Installateur, erstand 1996 auf einem privaten Flohmarkt eine Ausgabe der Unabhängigkeitserklärung. Er heftete sie an die Wand in seiner Garage. Er dachte, es handle sich dabei um eine Billigkopie, von der es unzählige gäbe. *Die Dinge sind nicht immer so, wie wir denken.*

Zehn Jahre lang hing das verblasste Blatt Papier dort an der Wand, während Stan ein Fahrrad nach dem anderen reparierte.

Bis Stans Frau Linda schließlich meinte, Stan solle endlich die Garage aufräumen. „Ich konnte einfach nichts wegwerfen", gestand Stan. „Soweit ich mich erinnern kann, hatten wir eine kleine Diskussion, ob wir sie behalten – diese Kopie dort an der Wand – oder weggeben sollten. Linda hat gewonnen."

Also nahm Linda eines Morgens im März einen antiken Tisch, einen Duschkopf mit Massagefunktion, einen Wasserhahn und eben jenen vermeintlich wertlosen Druck der Unabhängigkeitserklärung und ging damit zu einem Secondhandladen in Nashville.

Als Michael Sparks sich dort umsah, fiel ihm das vergilbte, mit einem Lacksiegel versehene und zusammengerollte Stück Papier in die Hand.

Zwei Dollar und achtundvierzig Cent war alles, was Michael Sparks für das Dokument berappen musste.

Und was war es in Wirklichkeit?

*Eine von zweihundert offiziellen Ausfertigungen der Unabhängigkeitserklärung, die 1820 von Präsident John Quincy Adams in Auftrag gegeben worden waren.*

Sie wurde auf einer Auktion für 477 650 Dollar verkauft – *fast eine halbe Million.*

Als Stan davon hörte, meinte er: „Ich freue mich für diesen Michael Sparks. Wenn ich sie noch hätte, würde sie immer noch in der Garage hängen und ich wüsste weiterhin nicht, dass sie so viel wert war ... Aber ich komme mir nicht gerade besonders klug vor."

Was lernen wir daraus?

Man kann eine „Freiheitserklärung" besitzen – *und sie nicht einmal wertschätzen.*

Du kannst etwas in deinen Händen halten, das so wertvoll ist, dass es dein ganzes Leben verändern könnte – *und du könntest es einfach aus deinem Leben verbannen, weil du seinen Wert nicht erkennst.*

Du glaubst vielleicht, du weißt, was du von einer Sache halten sollst – und dann zeigt sich, *dass alles ganz anders ist, als du denkst.*

*Vielleicht geht es letztlich nur darum?*

Du glaubst nicht, dass Jesus alles ist, was du brauchst – *bis er alles ist, was du noch hast.* Jesus ist für dich nicht mehr als ein Mittel zum Zweck, um das Leben zu bekommen, das du dir wünschst – bis du erlebst, dass Jesus das Beste in dem Leben ist, *das du schon hast.*

Wenn du zu Gott gehörst, wird die Pflicht zur Freude.

Jesus ist für dich nur ein Beispiel, dem du folgst – bis du ihn als jemanden erlebst, der dich zutiefst liebt und in dessen Arme du dich fallen lässt, als Lamm, das dir vergibt, und als Herr, der dich frei macht.

Christ zu sein ist, wie eine ungeheuer wertvolle Freiheitserklärung in den Händen zu halten, ohne es zu wissen: Es ist anders, als du denkst.

Christ zu sein ist mehr, als nach dem Tod in den Himmel zu kommen. Es bedeutet, jetzt schon mit Jesus zu sterben, damit du auch jetzt mit ihm leben kannst.

Christ zu sein ist mehr, als ein gutes Leben zu leben. Es bedeutet, dass Jesus das perfekte Leben für dich lebt, damit du das Leben in seiner ganzen Fülle erfahren kannst.

Christ zu sein ist mehr als Routine. Es bedeutet, dass Jesus dein Herz berührt und du mit ihm durchs Leben gehst.

Und genau das passiert auf diesen Seiten:

Jefferson Bethke macht glaubhaft deutlich, worum es beim Christsein tatsächlich geht.

Er reißt die zerschlissene Leinwand unserer Religiosität heraus, sodass der kaputte, billige Rahmen der Dinge, die uns ablenken, auseinanderbricht. Und dann breitet er vor uns aus, wie atemberaubend, bedeutsam, lohnenswert und wertvoll es ist, authentisch mit Jesus zu leben.

Er überreicht dir diese Seiten. Es ist deine eigene Freiheitserklärung.

Er sorgt dafür, dass dir die lebensverändernde Bedeutung dieser Freiheitserklärung nicht entgeht.

Denn wer kann es sich schon leisten, den wahren Jesus zu übersehen? Wir haben es satt, ihn außer Acht zu lassen, ihn nicht ernst zu nehmen, ihn kleinzumachen – und ein kleines Leben zu führen.

Es wird Zeit, einmal hinter den billigen Rahmen mancher Dinge zu schauen, denn dann zeigt sich:

Es ist anders, als du denkst.

Es ist unendlich viel mehr.

Ann Voskamp
Autorin von *Tausend Geschenke*

# EINLEITUNG

## Ein Leben in Farbe

Es gibt bestimmt einige Bücher, die du in der Schule lesen musstest. Ich kann mich noch an einige erinnern. Doch mein Lieblingsbuch war *Hüter der Erinnerung* von Lois Lowry (das 2014 verfilmt wurde).

Es handelt davon, dass eine ganze Gesellschaft von einer Gruppe Ältester kontrolliert wird. Sie haben ein vermeintlich ideales System errichtet – indem sie den Menschen alle Entscheidungen und Gefühle rauben. Jeder Mensch muss täglich eine Injektion über sich ergehen lassen, die ihm diese Dinge nimmt.

Sowohl im Buch als auch im Film wird das dadurch dargestellt, dass alle Menschen ihre Welt nur noch schwarz-weiß wahrnehmen. Es gibt keine Farben, kein Leben, keine Freude. Aber durch die Injektionen und weil alle die Dinge so sehen, ist den Menschen nicht bewusst, dass das nicht normal ist. Sie glauben, die Welt sei schwarz-weiß und es gebe keine Farben und keine der positiven Dinge, die damit einhergehen. Das Leben sei nun einmal so.

Jonas, die Hauptfigur der Geschichte, fängt irgendwann an zu träumen und hat vage Visionen in Farbe. Er kann nicht einmal beschreiben, was er glaubt gesehen zu haben. Aber als er seine Injektionen nicht mehr erhält, erscheint ihm plötzlich alles in Farbe. Diese Erfahrung ist so zutiefst Leben spendend und wunderbar, dass er keine Worte hat für das, was er sieht. Es ist zu lebendig und irgendwie hypnotisierend. An der Welt, in der er lebt, hat sich nichts verändert, aber jetzt können seine Augen das wahrnehmen, was schon immer da war. Und im gleichen Augenblick wird ihm bewusst, dass die Welt nicht so ist, wie er gedacht hat.

Ich glaube, dass die westliche Kirche diese Welt schon seit einiger Zeit nur noch schwarz-weiß sieht. Allerdings ist uns das nicht einmal bewusst, so ähnlich wie bei den Menschen in *Hüter der Erinnerung*. Es ist passiert, weil wir Jesus nach unserem Bild geformt haben, statt uns von ihm nach seinem Bild formen zu lassen. Wir haben Jesus gezähmt, verwestlicht, neutralisiert und ihn zu einer Spielzeugfigur wie Charlie Naseweis gemacht, bei der man ganz nach Geschmack Dinge wegnehmen oder hinzufügen kann.

Vor Kurzem wurde mir bei meinem eigenen Studium der Bibel und auf meiner eigenen Reise mit Jesus klar, dass es in der Welt der Bibel Dinge gibt, die Jesus und Gottes Wort viel lebendiger, schöner und herausfordernder machen. Wenn du diese Welt verstehst, dann wirst du anfangen, Jesus zu verstehen. Es gibt Dinge in der Bibel, die für uns keinen Sinn ergeben, weil wir nicht wissen, was es bedeutete, zur damaligen Zeit Rabbi oder Jude zu sein und unter römischer Herrschaft zu leben.

Aber wenn wir die Welt von Jesus betreten und ihn als den sehen, der er war, wird die Bibel auf einmal bunt. Uns springen Details ins Auge, die uns zuvor gar nicht aufgefallen sind. Weder die Bibel noch Jesus haben sich verändert, aber wenn wir das 1. Jahrhundert betreten, sehen wir mit ganz neuen Augen, wer er wirklich war, was er getan hat und warum wir heute noch von ihm sprechen.

Ich hoffe, dass Jesus für dich persönlich durch dieses Buch lebendiger wird. Ich bin weder Pastor noch Theologe, und ich habe auch keinen Uniabschluss, sodass man mich mit Doktor oder

Professor Bethke anreden müsste. Aber in den letzten Jahren habe ich Jesus und die Geschichte von Gott und seiner Kirche immer mehr lieben gelernt, weil ich die Pause-Taste gelöst habe, mit der die Christen des 21. Jahrhunderts den Jesus des 1. Jahrhunderts zum Schweigen gebracht haben. Stattdessen habe ich ihn selbst zu Wort kommen lassen.

Jeden Morgen bitte ich ihn, unsere Augen täglich ein Stückchen mehr zu öffnen. Denn wenn wir sehen, wer und wie Jesus wirklich ist, können wir ihm auch nachfolgen.

Eine der beängstigendsten Fragen, die wir uns selbst stellen müssen, lautet: Was ist, wenn wir Jesus nicht richtig erkennen – wenn wir nur ein schwarz-weißes Bild von ihm haben? Welche Auswirkungen hat das auf unser Leben? Was ist, wenn Jesus nicht der ist, für den wir ihn halten? Ich glaube, dass er uns immer wieder überrascht, dass er uns kreativ herausfordert, uns nachgeht und uns liebt.

Ich habe diese Seiten geschrieben als jemand, der – genau wie du – auf dem Weg ist. Der sich danach sehnt, Jesus farbiger, lebendiger und jeden Tag mehr als den zu erkennen, der er wirklich ist. Wirst du mit mir kommen?

KAPITEL 1

# Deine Geschichte ist anders, als du denkst

Die Liebe hat bestimmt,
wer du bist, bevor es
jemand anders getan hat

**Für die Menschen meiner Generation ist das Christentum wie ein geplatzter Scheck.**

Wir haben von den Verheißungen gehört und davon, was es einem bringt, wenn man „zu Jesus kommt" – dass wir dann ein besseres Leben und keine Probleme mehr hätten. Aber als wir diese Versprechen einlösen wollten, waren sie nicht gedeckt. Die Investition hat nicht das gebracht, was sie uns versprochen hatte. Also haben wir unser Vertrauen auf Dinge gesetzt, die das doch getan haben (oder bei denen wir zumindest den Eindruck hatten, dass sie es tun).

Ich kann mich noch gut daran erinnern, wie es war, als ich im ersten Jahr an der Uni anfing, Jesus wirklich nachzufolgen und mit einer ganz neuen Perspektive in den Gottesdienst ging. Ich wollte mehr über Jesus erfahren. Allerdings graute mir schon bald davor, jede Woche hinzugehen. Die Gemeinde, in die ich ging, präsentierte uns sonntags oft perfekte, auf Hochglanz polierte Jesus-Nachfolger, und dann fühlte ich mich noch schlechter. Die Hälfte der Zeit wartete ich nur darauf, dass ein Engel über die Bühne schwebte und aus den Wolken Händels *Messias* ertönte.

Während der sogenannten „Zeugnisse" wurde jemand auf die Bühne gerufen, damit er einige Minuten lang etwas über sein oder ihr Leben vor und nach Jesus erzählte. Meistens sagten diese

Personen etwa Folgendes: „Ich war vierzig Jahre lang Alkoholiker und kämpfte jeden Tag gegen die Hoffnungslosigkeit an. Dann vertraute ich mein Leben Jesus an und habe seither nicht ein einziges Mal überhaupt an Alkohol gedacht."

Es gibt zwar viele Menschen, deren Leben genau so verlaufen ist, aber meines sah anders aus. Jedes Mal, wenn ich solche Berichte hörte, versank ich ein Stückchen tiefer in meinem Stuhl. Ich sah mich um und fragte mich, ob es sonst noch jemandem so ging. War ich der Einzige, der so eine Erfahrung nie gemacht hatte?[1] Stimmte etwas nicht mit mir? Liebte Gott mich nicht? Hatte ich es vermasselt und war gar kein „richtiger" Christ?

Denn als ich anfing, Jesus nachzufolgen, wurde alles sogar noch schwerer. Ich durchlebte eine lange Depression. In meinem Leben liefen Dinge schief. Beziehungen zerbrachen. Abhängigkeiten blieben. Ich wusste zwar, dass ich nicht mehr so leben sollte, wie es mir gefiel, oder meinen „Bedürfnissen" folgen sollte, aber das hieß nicht, dass sie mich nicht doch immer noch lockten. Es kam mir so vor, als sei dieses Christsein nichts für mich.

In dem Christsein, das man mir in meiner Kindheit vermittelt und vorgelebt hatte, war nie viel Raum für innere Kämpfe, Versagen oder Bitten um Hilfe gewesen. In den Neunzigern aufzuwachsen und Anfang des 21. Jahrhunderts volljährig zu werden, war an sich schon seltsam gewesen. Es scheint, als erleben wir gerade einen gewaltigen Umbruch. Früher war es die Norm, dass man Christ war, heute sieht man sich als Christ massivem Widerstand gegenüber. Wie konnte es dazu kommen?

Das westlich geprägte Christentum ist eine seltsame Mischung aus biblischen Lehren und ein paar gnostischen Prinzipien. Das Ganze steht auf dem Fundament moderner Aufklärung und dann hat jemand dem Ganzen noch einen Jesus-Aufkleber verpasst.

Leider führt diese Kombination zu einer Aushöhlung, einem Verfall. Und zu einem Christentum, das, ehrlich gesagt, weder erfüllend noch verlockend ist. Es ist genau genommen ziemlich leblos. Es ist keine fesselnde Geschichte, weil es meist gar keine Geschichte ist. Es ist eine Formel, eine Sammlung von Fakten oder eine mathematische Gleichung.

Aber was, wenn es etwas Besseres gäbe? Ich bin fest davon überzeugt, dass Jesus uns eine bessere Geschichte erzählt.

Wenn das Christentum noch einmal ganz neu anfangen soll, müssen wir beim Evangelium anfangen.

Meine erste denkwürdige Begegnung mit dem Evangelium hatte ich in der Mittelstufe. Andere Schüler um mich herum weinten. Kaum jemand stand noch. Es war ein so eindrücklicher Augenblick, dass mich sogar jetzt noch die Gefühle übermannen, wenn ich daran denke.

Es geschah in einem christlichen Jugendlager.

Es war der letzte Abend und alle „ließen Jesus in ihr Herz". Jemand spielte leise Klavier, und der Freizeitleiter forderte die Jugendlichen auf, den Kopf zu neigen und die Augen zu schließen. Dann sagte er: „Okay, wer von euch jetzt Jesus annehmen will, spricht mir nach ..."

Kennst du das? Willkommen bei den Evangelikalen der 1990er-Jahre.

Wenn man bedenkt, wie weit verbreitet solche Erlebnisse damals waren, dann frage ich mich doch: *Warum käme uns eine solche Situation seltsam oder irgendwie abwegig vor, wenn wir uns vorstellen würden, sie stünde in einem der Evangelien?*

Stell dir vor, du würdest das Lukasevangelium aufschlagen und rot gedruckte Buchstaben sehen (das, was Jesus gesagt hat). Du fängst an, diese roten Buchstaben zu lesen, und dort steht: „Okay, hört mal alle her. Neigt die Köpfe und schließt die Augen. Der Anbetungsleiter wird jetzt hinter mir leise Klavier spielen, und wenn du meinst, dass du mir nachfolgen möchtest, dann heb einfach die Hand. Keine Angst: Niemand sieht dich." Und wenn dann jemand die Hand hebt, sagt Jesus: „Ich sehe deine Hand, aber Gott sieht dein Herz."

Das klingt schon fast komisch, oder? Wenn Jesus seine Zuhörer zu etwas aufgefordert hat, hat das eher völlig entgegengesetzt geklungen. Er forderte jemanden auf, ihm nachzufolgen, und nahm keine Rücksicht. Noch nicht einmal auf sein eigenes Leben. Aber genau deshalb konnte er sagen: *Folge mir nach*. Die völlige Hingabe, das Unbekannte, der Hinweis darauf, dass die Entscheidung mit dem Tod enden könnte, all das verdichtete sich in diesem einen kurzen Satz: *Folge mir nach*. Wir haben unseren Glauben zur Privatsache erklärt, aber Jesus fordert uns auf, ihm öffentlich nachzufolgen.

Wie kommt es, dass wir so danebenliegen? Wie kommt es, dass unsere Gute Nachricht nicht mehr viel gemeinsam hat mit der Guten Nachricht von Jesus?

Und hier eine noch beängstigendere Frage: Bis zu welchem Punkt liegt eine Religion nur in einigen Aspekten daneben, vertritt aber immer noch den gleichen Glauben, und ab welchem Punkt wird eine Religion für ihre Begründer so unkenntlich, dass sie sie als eine ganz andere Religion bezeichnen würden? Hat unser westlich geprägtes Christentum diesen Punkt schon erreicht?

Wenn ich in die Bibel schaue und dann auf das Christsein, das ich den größten Teil meines Lebens gelebt habe, denke ich immer: „Wirklich? Ist das alles? Was ist passiert?" Die Sache ist die, dass wir in einer sehr, sehr miesen Geschichte stecken. Und die meisten von uns leben nicht nur selbst darin, sie sagen anderen auch noch: „Wenn du zu Jesus kommst, kannst du dieser Welt entfliehen." (Aber hat Jesus nicht gesagt, er sei gekommen, um diese Welt zu retten?)

Wenn in meiner Kindheit der Himmel erwähnt wurde, dann war damit immer etwas gemeint, das ganz weit weg da oben war. Ich habe mir den Himmel immer als einen weit, weit entfernten Ort vorgestellt, an dem Babys mit Flügeln auf Wolken schweben und Harfe spielen. Das klingt ehrlich gesagt nicht nach einem Ort, an dem ich die Ewigkeit verbringen möchte. Das klingt schrecklich langweilig. Wenn ich jemals ein nacktes, pummeliges Baby mit Flügeln sehen würde, würde ich wahrscheinlich sogar so schnell und so weit wie möglich in die entgegengesetzte Richtung laufen. Ich würde niemals sagen: „O ja, da will ich nach meinem Tod auf jeden Fall hin." Was ist, wenn es eine *bessere* Nachricht gibt als die gute Nachricht, dass Christen nach dem Tod in den Himmel kommen? Was ist, wenn Gott uns den Himmel hier und jetzt schenken möchte? In unseren Familien? Auf der Arbeit? Beim Essen? Wenn wir kreativ sind?

Eine weitere miese Geschichte, in der viele Christen stecken, ist das, was ich die „Kurzfassung des christlichen Glaubens" nenne. Dort fängt die Geschichte meistens mit Jesus an: Jesus ist gekommen, um dir deine Sünden zu zeigen, er ist für deine Sünden gestorben, auferstanden und zum Himmel hinaufgeschwebt. Ein steriler, sauberer Plastik-Jesus. Ein Vorzeige-Christsein. Nett, ordentlich, hübsch verpackt, mit einer tollen Schleife drum. Aber mit Jesus unterwegs zu sein, ist oft alles andere als ordentlich und nett – und unser Leben ist das sowieso nicht.

Das Problem mit der Kurzfassung des christlichen Glaubens ist, dass wir die Geschichte, die Jesus selbst geglaubt und gelebt hat, außer Acht lassen. Dieser Glaube fängt erst im Neuen

Testament an und übergeht die Tatsache, dass die Heilige Schrift, die Jesus las, nur aus 1. Mose bis Maleachi bestand.

Viele von uns streichen unbewusst die Tatsache, dass Jesus Jude war, einfach aus der Geschichte. Aber gerade sein jüdischer Hintergrund prägt das Evangelium und die Geschichte von Jesus selbst. Jesus war Jude und Rabbi. Wahrscheinlich hatte er die Thora (die ersten fünf Bücher der Bibel) auswendig gelernt, wenn nicht sogar den kompletten Tanach (das Alte Testament). Das Alte Testament ist eine lange, verwobene, ausführliche Sammlung von Texten, die scheinbar enden, ohne das zu liefern, was sie versprechen: den Messias. Viele von uns springen von 1. Mose direkt zu Matthäus und lassen Israels Geschichte links liegen. Es hat aber einen Grund, weshalb Jesus nicht gleich in 1. Mose 4 auftaucht, sondern erst in Matthäus 1. Jesus ist der Höhepunkt der Geschichte, nicht die Einleitung.

Wenn du die Gute Nachricht – oder die Geschichte – von Jesus erzählen kannst, ohne die Geschichte Israels auch nur zu erwähnen, dann ist es wahrscheinlich nicht wirklich das Evangelium oder zumindest nicht das ganze.

In welcher Geschichte lebst du also? Wie sieht die Handlung aus? Wer ist die Hauptperson? Was ist Sinn und Ziel des Ganzen?

Wir haben alle unsere Antworten auf diese Fragen, ganz gleich, ob wir diese nun kennen oder nicht. Viele Menschen im Westen meinen, bei der Geschichte gehe es darum, dass das Leben sinnlos ist und man es deshalb besser genießen sollte, solange man die Möglichkeit dazu hat. Die Hauptperson sind wir selbst. Und das Ziel ist der Genuss – so schnell und einfach wie möglich, mit möglichst wenig Anstrengung so viel wie möglich zu verdienen. Während meines Studiums war das mehr oder weniger die Geschichte, in der alle meine Freunde mitspielten.

Andere leben in einer Geschichte, die eine ideale Welt anstrebt. Es geht darum, primitive Religionen, Philosophien und Vorstellungen hinter sich zu lassen und mithilfe höher entwickelter Philosophien und Religionen die Welt Schritt für Schritt besser zu machen. Leider merken sie dabei nicht, dass das „fortschrittlichste" Zeitalter, in dem wir je gelebt haben, nämlich das 20. Jahrhundert, gleichzeitig auch das blutigste war. Offenbar führen aufgeklärte Gedanken und Philosophien nicht zu einer idealen Gesellschaft.

Was also ist die wahre Geschichte? Was ist die beste Geschichte?

In Wahrheit haben die Christen die großartigste Geschichte, die je erzählt wurde. Aber wir erzählen sie nicht.

Wir Christen kommen, wenn wir unsere Geschichte erzählen, oft schon bei den ersten drei Kapiteln im ersten Buch der Bibel vom Weg ab: 1. Mose.

1. Mose ist ein wunderschönes, zutiefst poetisches, kunstvolles, gewaltiges Buch.

*„Am Anfang ..."*

Was für ein Beginn, oder? Nicht: „Ich werde dir jetzt ein paar Fakten, Theorien und abstrakte Wahrheiten erzählen", sondern: „Ich werde dir jetzt eine *Geschichte* erzählen."

Und doch entgeht uns Christen oft, was sich da in den allerersten Kapiteln des allerersten Buches der Bibel abspielt. Viele Christen lesen das 1. und 2. Buch Mose überhaupt nur, wenn sie Munition gegen Anhänger der Evolutionstheorie brauchen. Und deshalb fängt für viele die Bibel erst beim 3. Kapitel an, vor allem, wenn sie die Gute Nachricht von Jesus erzählen wollen.

Deutlich wird das beim „Evangeliumsarmband" (diesen Namen trägt es zumindest bei uns), an dem sechs verschiedenfarbige Perlen angebracht sind. Diese sollen dabei helfen, die Gute

Nachricht zu erzählen. (Eine moderne, abstrakte Form, die Jesus völlig fremd gewesen wäre.) Das Problem mit diesen Armbändern ist, dass sie mit der Farbe Schwarz anfangen. Die Erklärungen zu den Farben – wenn du schon mal eines gesehen hast – lauten in etwa:

- Schwarz für Sünde
- Rot für Blut
- Blau für Taufe
- Weiß für Reinigung
- Grün für Wachstum
- Gelb für den Himmel

Ich habe auch einmal so ein Armband getragen und konnte Leute den Weg „entlangführen", als wären sie auf einer Art Fließband unterwegs.[2] Aber mit diesen sechs Schritten stimmt etwas nicht. Ich denke, dass dieses „Evangelium" zum großen Teil Schuld hat an der Verzerrung, Unterernährung, Verdammnis und dem Mangel an echter Heilung und Freiheit in unserer heutigen Kirche.

Das Problem ist, dass alles mit Schwarz anfängt. Die Geschichte dieses Armbandes fängt mit der *Sünde* an. Das ist, als würde man ein Haus auf einem ziemlich schlechten Fundament errichten. Wir wollen den Menschen erzählen, dass Jesus das Beste ist, was es überhaupt gibt, und dann erzählen wir ihnen als Erstes, dass sie schrecklich und sündig und erbärmlich sind. Wir leiten die Gute Nachricht buchstäblich mit einer entsetzlich schrecklichen Nachricht ein: „Hallo. Ich bin Johannes. Kann ich mich kurz mit dir unterhalten? Du bist ein Sünder."

Manche fragen jetzt vielleicht: „Was ist daran falsch? Es stimmt doch!?"

Ja, es stimmt, wir sind kaputt. Aber nur weil es stimmt, heißt das noch lange nicht, dass Gott seine Geschichte auch damit anfängt.

Wenn man die Geschichte mit der Sünde beginnt, ist das so, als würden *Die Chroniken von Narnia* mit Edmunds Entführung durch die Weiße Hexe anfangen. Oder stell dir einmal vor, *Wo die wilden Kerle wohnen* würde auf der ersten Seite damit anfangen, dass Max im Dschungel unter den wilden Kerlen lebt. Dann wüsstest du wahrscheinlich nicht einmal, dass er träumt. Der Anfang einer Geschichte verändert unsere Sicht dieser Geschichte drastisch.

Geschichten haben einen Erzählfluss und einen Spannungsbogen, Anfang und Ende. In einer Enzyklopädie oder einem Lexikon schlagen wir eine beliebige Seite auf, um die Information zu finden, die wir suchen. Aber wenn wir eine Geschichte lesen, müssen wir der Erzählung folgen.

Wenn also das 1. Buch Mose nicht mit Kapitel 3 anfängt, warum fangen *wir* dann dort an, wenn wir die Geschichte erzählen?

Was ich damit sagen will, ist, dass Schwarz für Kapitel 3 steht, für den Punkt in der Menschheitsgeschichte, wo wir einen Staatsstreich gegen Gott durchführen und seither auch nicht davon abgelassen haben.

Das ist, als würden wir zu Gott sagen: „Du bist nicht Gott; ich bin Gott. Du hast keine Ahnung, was gut und was böse ist; ich schon. Ich weiß, dass du mir sogar den Sauerstoff in meinen Lungen gegeben hast, durch den ich lebe, aber jetzt kannst du abtreten. Jetzt übernehme ich."

Wenn wir bei der Sünde anfangen, dann fühlen wir uns geistlich und emotional nackt. Scham, Schuldgefühle und Verdammung entstellen unser Wesen in seinem Innersten. Die Dinge laufen nicht so, wie sie es sollten. Wir wissen, dass irgendetwas kaputt und verkehrt ist.

Aber die Geschichte fängt nicht dort an.

Die ersten beiden Kapitel von 1. Mose sind entscheidend für die Weltanschauung der Juden und der von Jesus. Sie untermauern das sehr radikale Verständnis von Monotheismus, das damals wie heute eine Säule jüdischen Denkens ist. Ein Gott thront über der gesamten Schöpfung – im Gegensatz zu vielen anderen antiken Kulturen, die an regionale Götter für Sonne, Mond, Ernte und Ähnliches glaubten.

Und die ersten beiden Kapitel der Bibel sind auch wunderschön geschrieben. Gott erschafft Ordnung, Schönheit und Bedeutung aus dem Chaos. Bevor Gott Hand an die Schöpfung legte, herrschte *tohu wa bohu*, wie es in der Bibel heißt, was wörtlich „wüst und leer" bedeutet. Aber Gott fängt an, Dinge zu erschaffen und Schönheit hineinzubringen.

Wenn du schon einmal einen Künstler bei der Arbeit beobachtet hast oder einen Zimmermann, der aus dem besten Holz etwas Wunderbares erschafft, dann kannst du erahnen, wie es war, als Gott *alles* erschuf.

Und er hört gar nicht mehr auf. Tiere, Sterne, Blumen, Wasser und Land. Und dann – als krönender Akt der Schöpfung – erschafft er zwei Wesen, die ihm ähnlich sind – Mann und Frau –, und setzt sie in den Garten, um diese Schönheit widerzuspiegeln, zu bebauen und zu bewahren. Er zeigt ihnen den bebauten Teil des Gartens, wo alles in Ordnung ist, und trägt ihnen auf, es mit dem Rest der Welt genauso zu machen.

Was für eine Geschichte! Welche Freude, welche Begeisterung und was für ein Staunen dort ganz am Anfang der Schöpfung. Sinn, Liebe, Vertrautheit – all das gab es dort.

Da fragt man sich doch, warum wir nicht auch dort anfangen zu erzählen? Warum erzählen wir nicht diese Geschichte?

Bist du ein 1.-Mose-1-Christ oder ein 1.-Mose-3-Christ?

Fängt deine Geschichte mit *Schalom* an oder mit Sünde?

*Schalom* ist das hebräische Wort für „Friede". Für Rhythmus. Dafür, wenn alles sich genau so zusammenfügt, wie es beabsichtigt war.

*Schalom* erlebst du, wenn du mit Freunden stundenlang bei einem guten Essen und einem guten Glas Wein am Tisch sitzt.

*Schalom* erlebst du, wenn du etwas hörst oder siehst, das du nicht richtig in Worte fassen kannst, aber du weißt, dass es etwas tief in dir wachruft.

*Schalom* ist ein Sonnenuntergang, das Gefühl zufriedener Erschöpfung nach einem langen Arbeitstag, an dem du ein Kunstwerk geschaffen hast, das sich selbst übertrifft.

*Schalom* ist, wenn Feinde sich durch Liebe versöhnen.

*Schalom* ist, wenn du im Rhythmus von Gottes Stimme tanzt.

Und in 1. Mose 1 war *alles* Schalom. In jedem Quadratzentimeter der Schöpfung herrschte Schalom. Aus jedem Molekül von Gottes Erde brach Schalom hervor. Es war eine laut schmetternde Symphonie, die aus dem besten Surroundsystem kam, das du je gehört hast, und es hüllte die Menschen von allen Seiten mit höchster Intensität ein. Aber inzwischen ist es eher ein zunehmend verstummendes Flüstern, Bruchstücke eines Liedes, eine schiefe Melodie, die nur zu Füßen Jesu wieder in die richtige Tonart gebracht werden kann.

1.-Mose-1-Christen appellieren am Anfang ihrer Geschichte an die Tatsache, dass alle Menschen auf dieser Erde an sich kostbar und wertvoll sind, weil sie durch den Atem Gottes zum Leben erweckt wurden. Sie sind lebendige Wesen, die in die Lücke zwischen der Schöpfung und ihrem Schöpfer treten. Von der ganzen Schöpfung heißt es, dass Gott *sprach* und etwas wurde, aber vom Menschen heißt es, dass er ihn *machte*.

Bei uns Menschen wurde Gott besonders kreativ. Er krempelte die Ärmel hoch, als er uns schuf, und erklärte uns zum *Imago Dei* – zum Ebenbild Gottes. Und als er uns nach der Erschaffung betrachtete, da erklärte er nicht, dass wir kaputte Sünder und Versager seien.[3] Das heißt, unsere ursprüngliche Identität (das, was wir in unserem tiefsten Inneren, im Kern unseres Wesens sind) wurde uns von unserem Schöpfer persönlich gegeben: Wir sind sein.

Es stimmt zwar, dass wir seit 1. Mose 3 Sünder sind, aber wir wurden trotzdem als Ebenbilder Gottes erschaffen, ganz gleich, wie verzerrt dieses Bild auch ist. Die Schönheit ist ursprünglicher als der Fluch, und bevor wir zu Ausreißern wurden, waren wir Kinder.[4]

Denk einmal über Folgendes nach: Wenn ein Tempel zerstört wird und nur noch Trümmer und Schutt herumliegen, ist es trotzdem noch ein Tempel. Ein kaputter, zerbrochener, eingestürzter Tempel, aber immer noch ein Tempel. Es ändert sich nichts an seiner ursprünglichen Identität. Er hat sich nicht auf wundersame Weise in ein Wohnhaus oder einen Feinkostladen verwandelt, als er eingestürzt ist. Es ist ein zerstörter Tempel, und es ist ausgeschlossen, dass er sich selbst wieder aufbaut. Er muss von Grund auf restauriert werden – aber es ist immer noch ein Tempel. Genauso ist es bei uns. Wenn wir in 1. Mose 1 anfangen, erzählen wir eine Geschichte, die weitaus schöner und großartiger ist als die, die die meisten Christen heutzutage erzählen – eine Geschichte, die die Welt von heute hören muss. Es fällt den meisten von uns nicht schwer zu erkennen, wie kaputt wir sind. Ich weiß zumindest, dass ich echt total daneben bin. Ich weiß, dass ich viele Fehler habe. Ich weiß, dass ich nicht gut genug bin. Du musst mir das nicht mit einem Megafon auf der Straße ins Gesicht schreien – *das weiß ich schon.*

Aber wenn du mir erzählst, dass ich kostbar und wertvoll bin, und zwar nicht wegen dem, was ich leiste, sondern wegen dem, der mich erschaffen hat, dann denke ich: *Echt? Bist du sicher? Aber was ist mit …?*

Das wirft alles über den Haufen. In einer Kultur, die den Menschen ständig ihre Würde nimmt (Obdachlosigkeit, Ausbeutung der Armen, Objektifizierung von Frauen, Abtreibung, aktive Sterbehilfe und so weiter), müssen wir zum Schalom zurückfinden. Wir müssen zu dieser wunderbaren Aussage zurückkehren, die Gott vor Jahrtausenden über den Menschen in jenem wundervollen Garten ausgerufen hat: „So schuf Gott den Menschen als *sein Ebenbild*, als Mann und Frau schuf er sie."[5]

Ganz gleich, wie fest du auch schrubbst, in diesem Leben wirst du die Ebenbildlichkeit Gottes nie ganz von dir abbekommen.

Wenn wir jetzt von der persönlichen einmal auf die kosmische Ebene wechseln, dann gibt es noch einen anderen lebenswichtigen Grund, weshalb wir mit der Geschichte dort anfangen sollten, wo Gott angefangen hat. Wenn du mit der Geschichte in 1. Mose 3 anfängst, dann ist unsere persönliche Sünde das größte Problem dieser Welt. Mit der Sünde fertigzuwerden ist dann das große Thema, und Jesus ist dann nur deshalb gekommen, um für unsere Sünden zu bezahlen.[6]

Die Welt ist unwichtig. Die Schöpfung ist unwichtig. Nur wir sind wichtig, weil 1. Mose 3 sich ganz auf den Zustand des Menschen konzentriert. Stimmt das? Natürlich, aber es ist nicht die *ganze* Wahrheit. Wenn man in 1. Mose 1 anfängt, fängt man nicht nur mit Schalom für die Menschheit an, sondern mit Schalom für die gesamte Schöpfung. Als Gott die Welt erschuf, herrschte in ihr vollkommener Friede. Die Bäume, die Tiere, das Wasser, die Sonne, der Lebensrhythmus und Adam und Eva fügten sich alle in einen wunderbaren Reigen. Keiner tanzte aus der Reihe.

Aber als die Sünde in die Welt kam, zerbrach der Reigen, der Rhythmus war dahin, die Symphonie unterbrochen. Die Schöpfung spielte keine Symphonie von Beethoven mehr, sondern klang eher wie ich, als ich in meiner Kindheit Posaune spielen lernte. Damals sagte meine Mutter nicht: „Das klingt so toll." Wahrscheinlich hat sie sich meistens die Ohren zugehalten. Es klang schief. Und unrund.

Aber wenn du damit anfängst, dass alles Erschaffene gut war, weil Gott genau das darüber gesagt hat (Nahrung, Musik, Beziehungen, Schönheit und der ganze Himmel und die Erde, die erfüllt waren von Gottes Gegenwart), dann geht es nicht mehr darum, mit der Sünde fertigzuwerden. Dann geht es darum, all diese Dinge wiederherzustellen. Gott stellt seine Welt wieder her, und dazu gebraucht er eben die Menschen, die sie kaputt gemacht haben.

Versöhnung und Wiederherstellung reichen noch viel tiefer. In der Person und in dem, was Jesus für uns getan hat, schafft Gott *alles* neu. Und das kannst du nur verstehen, wenn du verstanden hast, dass ihm all das überhaupt am Herzen liegt (1. Mose 1–2). Jesus hat behauptet, dass mitten in dieser kaputten alten Welt eine ganz neue, wunderschöne Welt aufbricht, und das verstehst du erst, wenn du verstanden hast, dass die ganze Welt wiederhergestellt werden muss. Manche Menschen behaupten, dass man mit diesem Verständnis des Evangeliums die Sünde auf die leichte Schulter nehme, aber ich behaupte, dass genau das Gegenteil der Fall ist. Was gibt der Sünde mehr Gewicht? Wenn nur die

Menschen davon betroffen sind oder wenn die gesamte Welt (einschließlich der Menschen) davon betroffen ist? Und wenn die Sünde so schwerwiegend ist, dann wird auch das, was Jesus vollbracht hat, noch viel größer.

Wie wir das alles sehen, hängt davon ab, wie wir die Bibel verstehen. Wenn wir sie nicht als eine Geschichte sehen, werden wir sie auch nicht als solche erzählen. Und wenn wir nicht glauben, dass Gott uns so liebt, wie wir sind (und das noch bevor wir ihn um Vergebung bitten), dann wird uns nicht interessieren, was er uns zu sagen hat. Geschweige denn, dass wir seinen Worten Glauben schenken.

## Was du über die Bibel denkst, prägt dein Bild von Gott

Mit einem der schönsten Dinge, die meine Frau Alyssa auch heute noch für mich macht, hat sie schon vor unserer Hochzeit angefangen. Immer wenn ich auf Reisen bin, schreibt sie mir für jeden Tag, den ich weg bin, ein Briefchen mit ein paar ermutigenden Worten. Meistens habe ich allerdings schon vor der Ankunft am Flughafen *alle auf einmal* geöffnet und gelesen.

Ich kann mich einfach nicht beherrschen. Es steckt so viel Freude, Leben und Ermutigung darin, dass ich sie alle auf einmal lesen will. (Ich war auch eines von diesen Kindern, die ihre Eltern anbetteln, die Geschenke schon zwei Wochen vor Weihnachten öffnen zu dürfen. Geduld gehört wohl nicht gerade zu meinen Stärken.) Ich bin deshalb so gespannt darauf, sie alle zu lesen, weil ich aufrichtig glaube, dass Alyssa mich liebt. Sie will, dass ich mich freue, will mich ermutigen und mir zeigen, wie wichtig ich ihr bin. Wenn ich das nicht glauben würde, wäre die Versuchung nicht so groß, ihre Botschaften zu lesen. Wenn wir glauben, dass jemand uns schreibt, weil er uns liebt, wollen wir seine Nachrichten so schnell wie möglich lesen.

Glaubst du wirklich, dass Gott dich liebt? Ich gebe zu, dass das Wort „Liebe" in unserer Gesellschaft mittlerweile etwas schwammig und überstrapaziert ist. Sagen wir mal, glaubst du, dass Gott dich *gern hat*? Sich über dich freut? Dich kennt? Vor Freude tanzt, wenn er an dich denkt? Denn wenn du das glaubst, dann dürfte es kein Problem sein, motiviert genug zu sein, um diese großartige Geschichte namens *Bibel* zu lesen.

Ich habe schon viele Bücher und Blogs darüber gesehen, wie man die Bibel lesen kann. Du kannst alle Techniken dieser Welt anwenden – aber wenn du glaubst, dass du eine Last bist für Gott, dass er weit weg ist oder du ihm nichts bedeutest, dann wirst du dazu neigen, ihn von Anfang an durch eine verzerrte Brille zu sehen.

Durch welche Brille betrachtest du die Bibel? Ist sie eine Landkarte für dein Leben? Ein Schwert? Eine Sammlung von Geschichten? Auch wenn du das vielleicht nicht glauben magst, aber die Antwort auf diese Frage hat kosmische Auswirkungen. Die Antwort auf diese Frage vermittelt dir ein ganz bestimmtes Bild von Gott und deiner Rolle in seiner Geschichte.

Unter Christen weit verbreitet ist die Vorstellung, dass die Bibel das „Schwert des Geistes" ist. Paulus gebraucht diesen Vergleich (Epheser 6,17), um auszudrücken, dass Gottes Wort eine gewisse Schärfe hat. Es ist scharf und kann Dinge ins Leben rufen. Es hat eine sehr einschneidende Wirkung. Es hat Macht. Es trennt Geist und Seele, Mark und Knochen.

Aber wenn du die Bibel nur als „Schwert" siehst, dann sagt das etwas ganz Bestimmtes über Gott aus. Es bedeutet, dass er nichts weiter ist als ein Feldwebel oder Kommandant, der uns aussendet, um im Krieg zu kämpfen. Und wenn Gott der Kommandant einer Armee ist, dann sind wir die Soldaten. Natürlich wird der Vergleich mit dem Schwert in der Bibel gebraucht, aber das ist nicht das eigentliche Thema der Handlung. Wir sehen nichts davon in der Schöpfung, in der Geschichte Israels oder in den Worten Jesu.

Dieser Vergleich wird nur an einigen wenigen Stellen gebraucht, um einen ganz bestimmten Aspekt des christlichen Lebens zu vermitteln. Es ist also eine Nebenhandlung, was bedeutet, dass er zutrifft. Aber eigentlich haben wir es hier eher mit einem bildhaften Vergleich zu tun, der einer größeren Handlung dienen soll. Der Begriff „Soldat" wird nicht annähernd so oft gebraucht wie „Braut" oder „Kind". Wenn solche Nebenhandlungen auf die Ebene des Hauptthemas der Bibel gehoben werden, kann das die Wahrheit verzerren. Das führt dann zu jener Gruppe von Christen, die ihr „Schwert" schwingen, Bibelverse über die *bösen* Menschen zitieren und eine Wir-gegen-euch-Kultur schaffen.

Andere Menschen verstehen die Bibel als moralischen Kompass – mit Geboten, die wir befolgen sollten. Das Problem dabei ist nur, dass es viele Dinge in der Bibel gibt, die wir besser nicht befolgen sollten. In der Bibel kommen Mord, Ehebruch, Vergewaltigung, Inzucht und noch eine ganze Reihe an schrecklichen Dingen vor. Ein Pastor hat einmal gesagt, die Bibel *be*schreibe Dinge, sie schreibe sie aber nicht *vor*. Diese Unterscheidung hat mir sehr geholfen. Es geht hauptsächlich um Gottes Beziehung zu diesen kaputten, rebellischen Menschen, und im Rahmen dieser Beschreibung gibt er uns einige Regeln an die Hand und zeigt uns, wie wir leben sollten, wenn unser Leben gelingen soll.

Wieder andere sehen die Bibel als eine Landkarte für ihr Leben. Natürlich enthält die Bibel einige präzise Wegweisungen.

Das Buch der Sprüche ist eine einzigartige Sammlung von Ratschlägen für (junge) Menschen. Es hilft ihnen durchaus beim Start ins Leben. Aber wenn wir ehrlich sind, ist die Bibel kein besonders benutzerfreundliches Handbuch. Es steht nicht drin, auf welche Uni wir gehen, wen wir heiraten oder welchen Beruf wir wählen sollen. Sie ist ganz messerscharf auf Gottes letztendlichen Willen für unser Leben ausgerichtet, nämlich dass wir ihm folgen, demütig und gehorsam sein sowie nach Gerechtigkeit streben sollen.

Wenn du die Bibel als deine persönliche Landkarte siehst, wird das zwangsläufig dazu führen, dass du dir ein Gottesbild schaffst, bei dem er eine Mischung aus dem Weihnachtsmann und der magischen Wahrsagekugel ist. Er ist dazu da, deine Wünsche zu erfüllen, deine Fragen zu beantworten und dir genaue Anweisungen zu geben, wen du heiraten oder auf welche Schule du gehen sollst. Dieses Verständnis der Bibel macht dich zum Mittelpunkt der Handlung. Die Welt dreht sich um dich, und Gott ist dein Diener, nicht dein Herr.

Es gibt viele unterschiedliche Brillen, durch die man die Bibel lesen kann. Nun sind diese Sichtweisen als „Nebenhandlungen“ nicht falsch, aber es wird problematisch, wenn wir sie zum Wichtigsten machen, statt sie einfach nur als Teil des Ganzen zu sehen.

Denk daran, dass die Bibel aus 66 Büchern und Briefen besteht, die von fast 40 verschiedenen Verfassern geschrieben wurden und einen Zeitraum von über 3 500 Jahren abdecken. Zu den Verfassern gehörten Könige, Propheten, Apostel und Hirten. Stell dir einmal zwei unterschiedliche Briefe vor. Der eine wurde von einem heutigen Staatsoberhaupt verfasst, der andere von einem Bauern aus dem 5. Jahrhundert. Es gäbe enorme Unterschiede, was die kulturellen, soziologischen und philosophischen Hintergründe angeht, in denen sie sich bewegten. Und das macht die Schönheit der Bibel aus. Sie ist voller Lieder, geschichtlicher Texte, Ahnenregister und Briefe, die über Jahrhunderte hinweg Millionen von Menschen Hoffnung gebracht haben, die aus unzähligen Blickwinkeln und mit den unterschiedlichsten Brillen geschrieben wurden, und jeder Autor hat so seine eigenen Nebenhandlungen hinzugefügt.

Wenn du das im Hinterkopf behältst, merkst du, dass es am besten ist, die Bibel im Ganzen als *Geschichte* zu sehen – eine lange Geschichte voller Tiefschläge und Verletzungen, überraschender Wendungen, Handlungsverläufe, Charaktere, Höhepunkte und Schlussfolgerungen, wie sie jede Geschichte haben sollte. Der rote Faden, der all diese unterschiedlichen Texte verbindet, ist Gottes Rettungsaktion für dieses Wesen namens Mensch. Die Schöpfungsgeschichte, das Gesetz, die Propheten, die Lieder, die Evangelien, die Briefe und die Offenbarung erzählen alle die gleiche Geschichte: wie der Schöpfergott (Jesus) trotz unserer Rebellion, unserer Sünde und unseres universalen Verrates eine neue Schöpfung hervorgebracht hat (und noch hervorbringt).

Die Bibel handelt von Gott – und insbesondere davon, wie Gott zum König dieser Welt wurde. Im 1. Buch Mose hat Gott uns erschaffen, damit er bei uns sein und unser Gott sein kann. Das zentrale Thema des Alten Testaments ist Gottes Plan, *unter uns* zu wohnen.

- Im Alten Testament geht es darum, wie es einmal sein wird, wenn Gott König wird und seine Welt wiederherstellt.
- In den Evangelien geht es darum, wie es ist, wenn Gott tatsächlich König ist.

- In den Briefen geht es darum, wie man lebt, wenn Gott König ist.
- In der Offenbarung geht es um das Ende, wo er endgültig König ist und alles im *Schalom* lebt, so wie er es ursprünglich beabsichtigt hatte.

Und wenn wir die Bibel als Geschichte sehen – genauer gesagt, als diese ganz bestimmte Geschichte –, dann erkennen wir unsere eigene Rolle *in* dieser Geschichte. Wir stehen nicht im Mittelpunkt. Wir stehen nicht auf der Haupttribüne. Wir stehen nicht im Rampenlicht. Gott hat uns erschaffen, um mit ihm zusammen schöpferisch tätig zu sein, um mit ihm gemeinsam die Aufgabe zu bewältigen, die er uns gegeben hat. Wir sind nicht die Geschichte, aber wir sind *in* der Geschichte.

## Die Haupthandlung mit Gott im Mittelpunkt

Letztendlich geht es in der Bibel nicht um uns, und das ist die gute Nachricht.

Bist du schon mal ins Kino gegangen, weil du die Statisten sehen wolltest? Das macht niemand. Ich persönlich gehe in jeden Film, in dem Denzel Washington oder Will Smith mitspielen. Es ist mir ganz egal, worum es in dem Film geht. Wenn einer der beiden mitspielt, schaue ich mir den Film an.

Aber jetzt stell dir einmal vor, du siehst einen Film mit Denzel Washington in der Hauptrolle, und während einer Großaufnahme seines Gesichtes bemerkst du irgendetwas Seltsames im Hintergrund. Du kneifst die Augen zusammen, weil es undeutlich und verschwommen ist. Aber dann erkennst du, dass da einer der Statisten wild mit den Armen fuchtelt, um von der Szene abzulenken. Der Statist will im Rampenlicht stehen. Das wäre extrem schräg.

Und es wird niemals passieren, weil es in dem Film um Denzels Figur geht (und diese Szene würde beim Schnitt rausfliegen). Wenn der Statist seine kleine Rolle gut spielt und dadurch den Kinobesucher auf die eigentliche Geschichte hinweist (und das bedeutet: Wenn er seine Aufgabe gut macht, bleibt er unbemerkt), dann fließt die Handlung des Films perfekt.

So ist es mit uns und Gott. Wir sind Statisten in *seiner* Geschichte, in *seinem* Erlösungs- und Rettungsplan. Er ist der König. Er ist der Herr. Er sitzt auf dem Thron. Und wenn wir mit unserem Leben auf uns selbst verweisen, dann wirken wir genauso dumm wie der Statist im Hintergrund, der während seines drei Sekunden langen Auftritts wild mit den Armen fuchtelt.

Wir sollten die Bibel also als eine *Geschichte* lesen. Schließlich ist es die großartigste Geschichte, die je erzählt wurde. Sie ist der Grund dafür, dass wir alle jedes Mal, wenn wir eine gute Geschichte lesen, eine leise Stimme in unserem Herzen vernehmen. Denn diese gute Geschichte weist auf die große Geschichte hin, in der wir alle vorkommen. Eine wunderbare Erzählung über ein Königreich, das von Gott beherrscht wird.

Aber Christen erzählen oft eine ziemlich miese Geschichte. Zum Beispiel diese immer gleichen Zeugnisse auf der Bühne, von denen ich am Anfang des Kapitels erzählt habe. („Ich war böse, doch dann fand ich zu Jesus, und jetzt ist mein Leben vollkommen.") Oder wir erzählen gar keine Geschichte. Wir erzählen nur Fakten. Fakten ohne Geschichte, ohne Leben, ohne Persönlichkeit.

Aber Geschichten sind nun mal die Sprache und Währung dieser Welt.

Du glaubst mir nicht? Versuch mal, dich an die Höhepunkte der letzten Predigt zu erinnern, die du gehört hast. Und jetzt versuch mal, dich daran zu erinnern, wo der letzte Film, den du dir angeschaut hast, gespielt hat. Ich tippe mal, dass du dich an Letzteres besser erinnern kannst. Leider werden in den Predigten heutzutage keine guten Geschichten mehr erzählt, so wie früher. Oft werden darin einfach lexikonartig fleischlose Tatsachen wiedergekäut. Diese Art Sprache bleibt nicht hängen, ruft nichts in uns wach und lässt unser Herz nicht schneller schlagen. Ein guter Film dagegen kann dich in ein anderes Leben und eine andere Welt entführen.

Wenn jemand die folgenden Worte zitiert: „Vor siebenundachtzig Jahren gründeten unsere Väter auf diesem Kontinent eine neue Nation", dann erkennen die meisten Amerikaner darin sofort Abraham Lincolns Rede von Gettysburg. In einer der berühmtesten Reden der amerikanischen Geschichte begann er mit nur zwölf Worten, eine Geschichte zu erzählen. Eine Geschichte über unsere Nation. Über unsere Geschichte. Figuren, zeitlicher Ablauf, Handlung und der zentrale Konflikt – alles war da. Und es trifft uns tief.

Einer meiner Lieblingsfilme ist *Amistad*. Der Film basiert auf einer wahren Begebenheit und erzählt die Geschichte einer Meuterei von afrikanischen Sklaven auf einem spanischen Schiff, das von der US-Marine unter Kontrolle und in die USA gebracht wird, wo es zu einem Rechtsstreit um die Sklaven kommt. Der Film stellt die Sklaverei und den westlichen Imperialismus sehr mutig und unverblümt dar. In einer Szene wird Präsident John Quincy Adams bezüglich der Verteidigung der Sklaven vor Gericht um Rat gefragt. Adams antwortet: „Als ich Anwalt war, vor langer Zeit ... habe ich nach vielen Versuchen und Fehlschlägen festgestellt, dass im Gerichtssaal der gewinnt, *der die beste Geschichte erzählt.*“[7]

Wenn wir erreichen wollen, dass unsere Mitmenschen ein anderes Bild von Jesus bekommen, dann müssen wir ihnen eine bessere Geschichte erzählen. *Wer die beste Geschichte erzählt, gewinnt.* Oder wie der Theologe N. T. Wright es formuliert hat:

*Ein Großteil der westlichen Kirche hat schlicht vergessen, worum es in den Evangelien geht und worum es in der Bibel als Ganzes geht: um die Geschichte des Schöpfergottes und seiner Rettungsaktion für die gesamte Schöpfung. Als Folge wurde die großartige Geschichte, die uns die Bibel erzählt, von Generationen engagierter Prediger und Lehrer auf die wesentlich kleinere Geschichte darüber zusammengestrichen, wie „ich und Gott zusammenkommen". Als hätten wir es bei der Schöpfung, Abraham, Mose, David, der ersten Gemeinde und nicht zuletzt den Evangelien selbst einfach nur mit einer riesigen Anzahl von Fachkundigen oder Fachinformationen zu tun, die uns beibringen, wie Ungläubige zu Jesus finden, wie Sünder gerettet werden und wie das Leben der Menschen verändert werden kann. Natürlich erzählt die Bibel auch viel von diesen Dingen, aber im Rahmen der großen Geschichte über die Schöpfung, den Kosmos, den Gott des Bundes und sein Bundesvolk erzählt sie vor allem die eine Geschichte, die den Evangelien zufolge ihren Höhepunkt in der Person von Jesus erreicht.*[8]

Man hat uns darauf getrimmt, die Geschichte gleich herauszureißen, und deshalb haben wir nur noch ein Gerippe aus Fakten und Wahrheiten, zu denen wir keine persönliche Beziehung mehr haben. Wir hier im Westen verlassen uns eher auf aneinandergereihte Informationen als auf Kreativität und Schönheit.

Sir Ken Robinson, ein Experte in Sachen Bildungsreform, vertritt die Auffassung, dass wir uns selbst beibringen, Geschichten und Kreativität immer mehr zu vernachlässigen. Er schreibt über divergentes Denken (die Fähigkeit, sich ganz unterschiedliche Wege aus einer Situation heraus auszudenken) und berichtet von einer Studie, bei der Kindergartenkindern jeweils eine Büroklammer gegeben wurde. Sie sollten sich so viele Verwendungsmöglichkeiten wie möglich dafür ausdenken. Der gleiche Test wurde alle drei bis fünf Jahre mit denselben Kindern bis zum Schulabschluss wiederholt.

Bei wie vielen von den fünfzehnhundert Kindern konnte man dabei im Kindergartenalter feststellen, dass das divergente Denken außergewöhnlich stark ausgeprägt war? Bei 98 Prozent.

Jedes Mal, wenn der Test wiederholt wurde, sank der Anteil derer, die als außergewöhnlich eingestuft wurden. Das ist faszinierend. Man sollte meinen, Kinder würden mit der Zeit immer besser, was Problemlösungen und innovatives Denken angeht. „Aber eines der wichtigsten Dinge, die geschehen sind – davon bin ich überzeugt –, war, dass sie inzwischen gebildet waren. Sie hatten zehn Jahre in der Schule verbracht, wo ihnen beigebracht wurde, dass es nur eine richtige Antwort gibt, und die steht hinten, und ihr dürft nicht nachschauen und nicht abschreiben, denn das ist Betrug."[9]

Das erinnert mich an einige Gemeinden. Uns ist nicht bewusst, dass sich die Denkweise der industriellen Revolution und unsere Fließband-Mentalität in unsere Kirchen eingeschlichen und den Menschen buchstäblich die Kreativität und das Staunen geraubt hat. Wir laufen herum und sagen: „Du musst von Neuem geboren werden." Und dem Nächsten sagen wir: „Du musst von Neuem geboren werden." Und wieder zum Nächsten: „Du musst von Neuem geboren werden." Wir industrialisieren die Erlösung und wollen sie am Fließband vermitteln. Nach dem Motto: Hier hast du die Formel. Wenn du ihr folgst, wirst du errettet.

Aber weißt du was? Jesus mag keine Formeln. Sogar den Ausdruck „von Neuem geboren werden" benutzt Jesus nur ein einziges Mal in der Bibel.[10] Schon in der nächsten Geschichte, die uns im Johannesevangelium anschließend erzählt wird, sagt Jesus einer Frau, sie müsse von der Quelle lebendigen Wassers trinken und aufhören, ihren Durst anderswo zu stillen.

Jesus war kreativ und holte die Menschen genau dort ab, wo sie waren. Wie ein Arzt verschrieb er immer genau das, was in einem bestimmten Augenblick gebraucht wurde. Übrigens ging es in der ersten Geschichte um einen frommen Mann, der dachte, er sei allein dadurch gerettet, dass er Jude war und zum auserwählten Volk gehörte. In der nächsten Geschichte saß Jesus an einem Brunnen und erklärte einer Frau, dass das Brunnenwasser ihren Durst nach der Ewigkeit nicht stillen konnte.

Was wäre, wenn wir den Menschen beibringen würden, die Geschichte der Bibel zu essen, zu trinken und einzuatmen? Damit sie entdecken, wie ihre eigene Geschichte in die große Geschichte hineinpasst. Damit wir eine bessere Geschichte erzählen als „die Welt".

Das Faszinierende daran ist, dass es einige gute wissenschaftliche Erkenntnisse gibt, die zeigen, dass genau das die Art ist, wie Gott wollte, dass wir die Wahrheit erfahren: durch eine Geschichte. Kürzlich hat nämlich eine Studie belegt, dass die rechte Gehirnhälfte – die für Kreativität, Geschichten und Kunst zuständig ist – so „gestrickt" ist, dass sie Informationen *vor* der linken Hälfte aufnimmt und verarbeitet (die logische Hälfte, die für das analytische Denken und das Verstehen zuständig ist). Das heißt, dass wir so geschaffen wurden, dass wir zuerst das große Ganze aufnehmen und durch Kunst und Schönheit erfassen, bevor wir alles in analytische Einzelteile zerlegen. Stattdessen überlassen wir unserer linken Gehirnhälfte die Führung, was nach N. T. Wright einer „kulturellen Schizophrenie gleichkommt. Aber dieser Ansatz ist heutzutage tief verwurzelt und er prägt zutiefst die Art und Weise, wie wir an alles herangehen – nicht zuletzt auch an die Bibel."[11]

Kein Wunder, dass Jesus seine Jünger nicht an Tische setzte und sich vor sie an die Tafel stellte. Stattdessen waren seine Nachfolger mit ihm unterwegs. Und während sie unterwegs waren, erzählte er ihnen Geschichten – Geschichten von Schafen, verlorenen Münzen, Hochzeitsfeiern, verschiedenen Arten von Ackerboden, einem reichen und einem armen Mann, zwei verlorenen Söhnen, einem Besucher, der um Mitternacht an die Tür klopft, und so weiter.

Jesus war der kreativste, dynamischste, faszinierendste Lehrer, der je gelebt hat, und wir verbannen ihn als Dekoration auf unseren Kaminsims. Niemals zuvor hat jemand Dinge gesagt, die so explosiv und kraftvoll waren und so viele Menschen in Staunen versetzt haben, wie dieser Mann aus Nazareth im 1. Jahrhundert. Und doch erzählen wir den Menschen lieber von den vier geistlichen Gesetzen oder der Römerstraße zur Errettung.[12]

Es wird höchste Zeit, dass wir unsere Formeln zu den Akten legen und anfangen, die Wahrheit und Schönheit dieser Geschichte zu erzählen.

Wir haben die tollste Geschichte, die jemals erzählt wurde. Und wir sollten anfangen, darin zu leben und sie weiterzuerzählen.

KAPITEL 2

# Der Tempel ist anders, als du denkst

Gott schlägt sein Zelt in deinem Garten auf

**In meiner Jugend dachte ich, Tätowierungen seien etwas Schlechtes.** Anders ausgedrückt: Sich tätowieren zu lassen sei eine Sünde. Und damit stehe ich nicht allein da. Meistens rechtfertigten die Menschen diese Ansicht mit einem Zitat aus 1. Korinther 6,19: „Oder habt ihr etwa vergessen, dass euer Körper ein Tempel des Heiligen Geistes ist, der in euch wohnt und den euch Gott gegeben hat?"

Praktischerweise kann man diesen Vers genauso gut dazu benutzen, um gegen Fastfood zu predigen, da die ganzen künstlichen Zutaten ebenfalls nicht gut sind für den Körper. Wenn man diesen Vers aber im Zusammenhang liest, merkt man, dass Paulus hier ganz speziell über die Art von Sünden schrieb, die man *nicht* sieht, genau gesagt über das Mysterium der sexuellen Vereinigung von Mann und Frau.

Aber was ist, wenn dieser Vers darüber, dass unser Körper ein Tempel ist, viel explosiver und verhängnisvoller ist, als wir denken? Was ist, wenn er regelrecht skandalös ist?

Im Judäa des 1. Jahrhunderts hatte das Wort „Tempel" sehr viel Gewicht. Es tauchte fast auf jeder Seite der alttestamentlichen Schriften auf und bezeichnete das Zentrum des jüdischen Lebens. Wir verstehen die Bedeutung des Wortes „Tempel" falsch, weil wir keine richtigen Tempel mehr haben und das Wort auch nicht oft gebrauchen (obwohl wir eigentlich doch welche haben; wir nennen sie bloß „Einkaufszentrum", „Fußballstadion" oder „Bank").

Ein Tempel ist ein Ort der Anbetung, und zur Zeit von Jesus und Paulus war es insbesondere der Ort, an dem sich Himmel und Erde trafen. In der Vorstellung der Menschen waren Himmel und Erde zwei getrennte Kreise, die sich überlappten, und die Schnittmenge nannte man Tempel.[1]

Der Himmel galt als Gottes Sphäre. Es war der Ort, an dem er wohnte, wo alles, was er gebot, genau so geschah, wie er es wollte. Im Himmel herrschte Schalom. Und bevor Jesus kam, war der Tempel für die Juden ein Stück dieses Ortes, das auf die Erde versetzt worden war. Wenn sie den Tempel betraten, betraten sie den Ort, an dem der menschliche Raum und Gottes Sphäre zusammentrafen.

Aber um die Bedeutung des Tempels wirklich zu verstehen, müssen wir ganz an den Anfang zurück. Viele Christen wurden in der Auffassung erzogen, bei 1. Mose 1 und 2 handle es sich gewissermaßen um ein Schlachtfeld und nicht um eine wunderschöne Geschichte. Wenn diese beiden Kapitel nämlich erwähnt werden, fangen viele sofort an, darüber zu debattieren, wie man die Sache mit den Schöpfungstagen zu verstehen hat.

In meiner Kindheit ließ sich an 1. Mose 1 ablesen, ob man ein guter Christ war. Dieses Kapitel war der Prüfstein des Glaubens: Wurde die Welt in sechs Tagen erschaffen oder hat die Evolutionstheorie recht? Ist die Erde 6 000 Jahre alt oder schon 4,6 Milliarden?

Das Problem bei beiden Denkweisen ist, dass wir in einem Buch nach einer Antwort suchen, das diese Frage gar nicht beantwortet. Wenn man von 1. Mose 1 erwartet, dass es beweist, dass die Erde 6 000 Jahre alt ist – oder eben nicht –, dann ist das, als würde man von Shakespeare verlangen, die Schwerkraft zu beweisen oder dass die Erde sich um die Sonne dreht. Die Sache ist ganz einfach die, dass weder Shakespeare noch die biblischen Autoren ihre Bücher geschrieben haben, um solche Fragen zu beantworten. Ich wünschte mir, dass wir Christen doch nur ein bisschen demütiger oder gewinnender wären, wenn wir versuchen, mit der Bibel Dinge zu beweisen, die gar nicht das Anliegen ihrer Verfasser waren.

Glauben wir allen Ernstes, dass der Verfasser von 1. Mose sagen wollte: „Wisst ihr was? Diese Welt wurde tatsächlich in sieben 24-Stunden-Tagen erschaffen", als er die Schöpfungsgeschichte schrieb? Natürlich könnte man das durchaus folgern, aber seien wir doch einmal ehrlich und geben zu, dass das nicht sein Anliegen war. Wenn man das Buch einmal in einem Rutsch durchliest, wird deutlich, dass es hier nicht um exakte Details geht, sondern um das Gesamtbild des Anfangs. 1. Mose beantwortet die Frage nach dem Warum, nicht die nach dem Wie.

Das 1. Buch Mose wurde verfasst, nachdem das Volk Israel Ägypten verlassen und eine ganze Generation lang in der Wüste umhergezogen war. Erinnern wir uns daran, dass die Israeliten gerade mehr als 400 Jahre Sklaverei hinter sich hatten – mit Unterdrückung, Existenzangst, schrecklichen Zuständen und allem, was dazugehört.

Wenn du Augenzeugenberichte über die Behandlung und den Missbrauch der Sklaven vor dem amerikanischen Bürgerkrieg liest und dabei zusammenzuckst, dann solltest du das hier auch tun. Die Ägypter waren grausam. Sie waren hart. Sie hassten die Israeliten und fürchteten, dass die Geburtenrate der Israeliten stärker steigen würde als ihre eigene.

Die Israeliten erlitten Leid und Elend[2], weil die Ägypter eine der großen Freuden und Segnungen der Schöpfung – die Arbeit – in ein Instrument der Unterdrückung und Qual verwandelt hatten. Die Israeliten mussten pausenlos Ziegelsteine brennen und wurden geschlagen, wenn sie ihre Quote nicht erfüllten. Ich bin mir sicher, dass sie (wie alle Sklaven an allen Orten und zu jeder Zeit) willkürlich geschlagen und manchmal auch getötet wurden, dass sie nicht als Menschen galten, vergewaltigt, beschimpft und völlig unterdrückt wurden.

Wenn man unter solchen Umständen leben muss, verliert man seine eigene Geschichte aus den Augen. Man vergisst, wer man ist, wozu man da ist und woher man kam. Mose erzählte die Geschichten, die wir in seinem ersten Buch finden sowie im Rest der Thora, um die Israeliten daran zu erinnern, warum es sie gab, wer ihr Gott war und dass seine Verheißungen und Pläne zurückreichen bis zum Anfang der Schöpfung. Hätte er eine richtig miese Geschichte erzählt – eine voller Schmerz und Unterdrückung –, hätte das die Israeliten nicht gerade motiviert. Doch Moses Geschichte gab ihnen die Kraft, die Kämpfe während ihrer Wüstenwanderung zu überstehen.

Unsere kleine Tochter Kinsley ist gerade sechs Monate alt, als ich dieses Kapitel schreibe. Wenn Mose den Israeliten die Geschichten erzählte, die wir in 1. Mose finden, war das so, wie wenn ich Kinsley die Familiengeschichte der Bethkes erzähle. Wenn sie ein bisschen älter ist und wir am Lagerfeuer sitzen, werde ich ihr Geschichten über Traditionen, Erlösung, Gnade und Lebensziele aus unserer Familie erzählen.

Sie wird erfahren, dass ihre Mutter und ich früher einmal eine Beziehung hatten, dann aber eine ziemlich harte Trennung durchlebt haben, bevor wir wieder zusammengekommen sind und schließlich geheiratet haben. Sie wird erfahren, warum wir beschlossen haben, sie auf Maui großzuziehen, wo Alyssa zwei Jahre lang gelebt hat, als wir befreundet waren, und nicht in Seattle, wo sowohl Alyssa als auch ich aufgewachsen sind. Sie wird erfahren, warum wir sie Kinsley genannt haben und warum ich ihr nie erlauben werde, Motorrad zu fahren. (Mein Vater hatte viele Jahre einen Harley-Laden, und ich habe erlebt, wie er bei ein paar Unfällen verletzt wurde.) Ich werde ihr die Geschichten erzählen, die dazu geführt haben, dass sie auf die Welt kam. Wie soll man wissen, wohin man unterwegs ist, wenn man nicht weiß, woher man kommt?

Und genau darum ging und geht es noch in 1. Mose. Die Israeliten hatten zwar gerade Ägypten verlassen, aber Ägypten steckte immer noch in ihnen drin. Die ägyptische Lebensart, immer arbeiten zu müssen, die Götzenanbetung – das war das einzige Leben, das diese Israeliten kannten.

Also erzählte Mose ihnen die Geschichten ihrer Vorfahren, um ihnen zu zeigen, dass Gott nicht so ist wie die Götter der Ägypter. Götzenanbetung, sklavische Tätigkeiten – all das verlangte Gott nicht von ihnen. Das war nicht der Grund ihres Daseins. Ihre Geschichte begann nicht erst mit der Gefangenschaft in Ägypten. Ihr Leben hatte einen Sinn und ein Ziel.

Ich stelle mir vor, wie Kinder sich am Lagerfeuer an ihre Eltern kuschelten, die ihnen die langen Geschichten vom Garten Eden, von Abraham, Josef und anderen erzählten.

Wenn du einmal zurückschaust und das 1. Buch Mose überfliegst, dann stellst du fest, dass es eigentlich zwei Teile gibt. Bis zu Kapitel 11 geht es bergab: Kain bringt seinen Bruder um. Die Schlechtigkeit der Welt. Der Turmbau zu Babel, wo die Menschen „sich einen Namen machen wollten“.

Und in Kapitel 12 gibt es dann eine 180-Grad-Wendung: Gott sagt zu einem mesopotamischen Händler namens Abram, dass durch seine Nachkommen die ganze Welt gerettet wird. Die Kapitel 12 bis 50 schildern dann das große Drama von Abraham, Isaak, Jakob und Josef, das auf diese Verheißung folgt. Manchmal durchkreuzen sie Gottes Segen, aber sie verlieren ihn nie. Gott ist trotz allem treu.

Aber konzentrieren wir uns noch einmal auf den Anfang. In 1. Mose 1 haben wir diese unglaublich schöne Erzählung über die Erschaffung der Welt. In den ersten drei Versen lernen wir einen Gott kennen, der Geist ist, einen Gott, der spricht, und einen Gott, der der Schöpfer ist, und das alles zusammen in einem göttlichen Wesen. Ein Gott, der aus dem Chaos Ordnung und Schönheit schafft. Ein Gott, der den Raum schafft und ihn dann mit Schönheit füllt.

Hast du schon mal einen richtig spannenden Film gesehen oder einen, bei dem man so viel mitdenken muss, dass man ihn erst beim zweiten Mal versteht? Zu meinen Lieblingsfilmen gehören hier *Inception* und *The Sixth Sense*. Beim zweiten Mal gehen einem ganze Kronleuchter auf, weil man Dinge bemerkt, die man beim ersten Mal nicht wahrgenommen hat.

So ist es mit dem 1. Buch Mose. Die antike Welt des Nahen Ostens war so ganz anders als unsere heute, aber die Verfasser gingen davon aus, dass ihre Leser den gleichen kulturellen Hintergrund hatten wie sie. Moderne Leser, so wie du und ich, haben einen ganz anderen kulturellen Hintergrund. Wir erkennen nicht einmal annähernd all die Metaphern und Hinweise im 1. Buch Mose, weil uns diese Kultur so fremd ist.

Hätte ein Schriftgelehrter aus dem antiken Nahen Osten die ersten beiden Kapitel von 1. Mose gelesen, wäre ihm aufgefallen, dass es darin um einen Tempelbau geht. Den antiken Juden fiel in 1. Mose 1 und 2 vieles auf, was uns heute entgeht. Beispielsweise hatte diese Geschichte dieselbe Struktur wie Texte, die von einem Tempelbau handelten. Alle Texte über einen Tempelbau hatten zwei herausragende Merkmale, durch die sie sich von der übrigen Literatur unterschieden.

Erstens stellte man am letzten Tag des Baus ein Bildnis des jeweiligen Gottes in den Tempel, quasi als eine Art Siegel oder Zeichen dafür, dass der Tempel fertiggestellt war. Zweitens legten die Erbauer am Tag nach der Fertigstellung einen Ruhetag ein, feierten und luden die Gottheit offiziell ein, im Tempel zu wohnen. Dies war ein antikes Einweihungszeremoniell. Man verstand es als einen Ruhetag, an dem man die Gottheit einlud, den Tempel mit ihrer Gegenwart zu erfüllen.

Kommt dir das bekannt vor?

In den ersten beiden Kapiteln von 1. Mose setzte Gott als der Erbauer am letzten Tag der Schöpfung 1. Adam und Eva in den Garten, weil sie nach seinem Ebenbild erschaffen waren, und 2. ruhte er von seiner Arbeit aus, erklärte diesen Tag zu einem Feiertag, einem Tag der Erinnerung, und betrat selbst den Garten. Hebräische und israelitische Zuhörer hätten diese Merkmale erkannt und gesagt: „Gott folgt beim Erzählen dieser Geschichte dem Schema eines Tempelbaus." In 1. Mose geht es also darum, dass ein Tempel gebaut wird.

Aber das Seltsame an diesem Text, das, was wiederum einzigartig und ganz anders ist als in anderen Religionen des antiken Nahen Ostens, ist, dass es kein Tempelgebäude gibt. Keine Stiftshütte. Keine Steine und keinen Mörtel. Keinen Tempel.

Bildnisse einer Gottheit stellte man damals immer in oder auf einen Tempel. Und sie konnten sich nicht bewegen. Sie waren aus Metall, Holz, Stein und so weiter. Aber in 1. Mose sind diese Bildnisse aus Fleisch und Blut. Sie sind eine göttliche Mischung aus Geist, Fleisch, Liebe und Menschsein. Und Adam und Eva werden in den Garten gesetzt. Damit sagt Gott laut und deutlich, dass er die ganze Erde von Anfang an mit seiner Gegenwart durchfluten will. Die ganze Welt ist sein Tempel.

Am siebten Tag überflutete Gott die Erde mit seiner Gegenwart. Während andere Gottheiten regional begrenzt waren und nur bestimmte Naturelemente beherrschten, wie zum Beispiel die Sonne oder das Meer oder die Felder, war der Gott Israels der Gott von *allem* und er war überall.

Im antiken Nahen Osten hatte man ein ähnliches Verständnis von Göttern wie wir heute von Staatsoberhäuptern. Der israelische Premierminister ist der Premierminister von Israel, aber nicht der von China. Und der Präsident der Vereinigten Staaten ist genau das: nur der Präsident der 50 Bundesstaaten der USA. Aber was passiert, wenn jemand behauptet, der Präsident der Vereinigten Staaten sei der Präsident über alle Menschen und alle Länder dieser Erde? Dann wären viele Menschen aufgebracht. Damit würde man alle anderen Staatsoberhäupter kleinmachen.

Aber genau das sagt die Bibel über Gott: Er ist der Gott über alles, überall und zu jeder Zeit. Und er ist kein unbarmherziger, wankelmütiger, schizophrener Gott mit Borderline-Syndrom wie die anderen. Die meisten Götter im antiken Nahen Osten mussten ständig bei Laune gehalten werden, damit die Sonne auch am nächsten Tag wieder aufging und das Meer da blieb und die Ernte wuchs. Und wenn etwas schiefging, musste man schnell herausfinden, welchen Gott man verstimmt hatte.

Aber der wahre Gott über die ganze Welt ist ein Gott der Schönheit, des Staunens, der Liebe. Er erschuf einen Raum, in dem seine Kinder sich entfalten können, und seine Schöpfung und seine Ebenbilder liegen ihm am Herzen.

Heutzutage ist die am zweithäufigsten verbreitete Schöpfungsgeschichte das *Enuma elisch*, ein babylonischer Schöpfungsmythos in Gedichtform, der etwa im 7. Jahrhundert vor Christus in Keilschrift auf sieben Tontafeln geschrieben wurde. Marduk, der oberste der babylonischen Götter, erschafft darin die Menschen als Knechte der Götter. Die Erschaffung der Menschen ist in diesem Mythos nur eine Randerscheinung, eine Fußnote neben dem Aufstieg Marduks. In 1. Mose dagegen ist die Erschaffung der Menschen der Höhepunkt der Schöpfung! Wir sind Träger von Gottes Bild. Wir haben etwas von ihm, sind seine Ebenbilder. Er macht uns zu Mit-Schöpfern und Bebauern. Und dann sendet er uns in die Welt hinaus.

Das war die Grundlage der jüdischen Geschichte und gleichzeitig ein zutiefst revolutionärer Gedanke, nachdem sie gerade aus Ägypten gekommen waren, wo sie wie wertlose Sklaven behandelt worden waren.

In 2. Mose sagt Gott: „Ich will bei euch Israeliten wohnen und euer Gott sein."[3]

Jahrtausende später schreibt Johannes, der Verfasser der Offenbarung: „Hier wird Gott mitten unter den Menschen sein! Er wird bei ihnen wohnen, und sie werden sein Volk sein. Ja, von nun an wird Gott selbst in ihrer Mitte leben.'"[4] Und dieser zentrale Gedanke zieht sich durch die ganze Bibel.[5]

Eines der umfassendsten Themen der Bibel – vom 1. Buch Mose bis zur Offenbarung – ist also nicht „Die Erlösung des Menschen", sondern dass Gott bei seinen Menschen *wohnen* möchte. Wir bemühen uns so sehr darum, in den Himmel zu kommen – dabei bemüht Gott sich darum, den Himmel auf die Erde zu bringen. Im 22. Kapitel der Offenbarung heißt es sogar, dass der neue Himmel und die neue Erde keinen Tempel mehr brauchen, weil Gott unsere Wohnung sein wird (denk einmal zurück an 1. Mose!). Wir strengen uns so an, um von hier wegzukommen, während Gott sich alle Mühe gibt, diesen Ort wiederherzustellen und hierherzukommen.

Weil Gott bei uns wohnen will, gab er genaue Anweisungen für den Bau der Stiftshütte (ein *tragbarer* Tempel), als er die Israeliten aus Ägypten herausgeführt hatte. Gott wollte mitten unter dem Volk Israel sein. Sie zogen umher, also zog er mit ihnen.

Später gab Gott den Königen David und Salomo die Erlaubnis und die Anweisungen dafür, ihm ein festes Haus zu bauen.[6] Salomos Tempel, in dessen Allerheiligstem Gottes Herrlichkeit „wohnte", wurde zur nationalen und persönlichen Identität der Israeliten. Er war das Zentrum von allem: Jerusalem wurde buchstäblich um diesen Tempel herum gebaut und die Menschen richteten ihr Leben nach den alljährlichen Tempelfesten aus. Aber die Israeliten begannen, andere Götter anzubeten. Vielleicht, weil sie die ständigen Reisen nach Jerusalem satt hatten, oder vielleicht wollten sie nur das Gefühl haben, ihr Leben selbst in der Hand zu haben. Seit dem Sündenfall, von dem uns in 1. Mose 3 berichtet wird, war es beinahe natürlicher, falsche Götter anzubeten, als den einen wahren Gott.

Die Israeliten mochten Götter, die man kontrollieren konnte, und genau das war der Schöpfergott nicht. Sie verhöhnten gewissermaßen das Tempelsystem. Sie wollten anderen Gottheiten in der Gegend nachjagen, wo doch der wahre Gott, Jahwe, mitten unter ihnen lebte. Einmal fingen einige von ihnen sogar an, dem Gott Moloch nachzufolgen, der Kindesopfer verlangte. Zur Bestrafung – und vielleicht auch, um sie wachzurütteln – schickte

Gott die Führungsschicht Israels nach Babylon ins Exil. Jetzt waren sie Sklaven von Menschen, die Marduk anbeteten. Unmittelbar davor verließ Gottes Gegenwart den Tempel. Und dann wurde der Tempel zerstört.[7]

Kannst du dir vorstellen, wie sich das angefühlt haben muss? Stell dir einmal vor, alle wichtigen Staatsgebäude deines Landes würden in einem einzigen Augenblick in Schutt und Asche gelegt. Das kommt wohl noch am ehesten an das heran, was die Israeliten empfunden haben müssen, als der babylonische Herrscher Nebukadnezar den Tempel dem Erdboden gleichmachte. Sie sangen:

*„Wir saßen an den Flüssen Babylons und weinten, wenn wir an Zion dachten. Unsere Lauten hängten wir an die Zweige der Pappeln, wir hatten aufgehört, auf ihnen zu spielen. Unsere Peiniger hielten uns gefangen und wollten Lieder von uns hören; sie verlangten von uns, dass wir Freudengesänge anstimmen. Höhnisch forderten sie: ‚Singt doch eins von euren Zionsliedern!'"*[8]

Sie waren am Boden zerstört.

Eine Generation später – nachdem Babylon von den Persern besiegt worden war – durften einige Juden nach Jerusalem zurückkehren, um den Tempel wiederaufzubauen. Aber es war offensichtlich, dass Gott nicht mehr dort war. Die „Schechina"-Herrlichkeit, wie sie genannt wird, schien nie wieder zurückzukommen.

Von diesem Zeitpunkt an bis zum letzten Satz des Alten Testamentes fragten sich die Israeliten, wann Gott wohl wiederkommen und unter ihnen wohnen würde. Er hatte versprochen, zurückzukommen und bei seinem Volk zu sein. Seine Gegenwart sollte in ihrer Mitte sein.

Kannst du dir vorstellen, wie sie sich jahrhundertelang danach gesehnt, darauf gebrannt und dafür gebetet hatten, dass das passierte? Mit jedem Jahr, das verging, wuchs die Erwartung, dass Gott etwas ganz Neues, etwas Großes, etwas Monumentales tun würde.

Und dann geschah es. Nur eben nicht so, wie sie es erwartet hatten.

Während die Juden immer noch darauf warteten, dass Jahwes Herrlichkeit in den Tempel zurückkehrte, lauteten die ersten Worte des Johannesevangeliums „Am Anfang".

Jeder gläubige Jude hätte sofort erkannt, dass die Einleitung des Buches genau die gleiche war wie die von 1. Mose 1 – dem Buch der Anfänge und der Schöpfung, als Gott der Erde mit seiner Gegenwart ein Siegel aufdrückte. Johannes bezog sich mit seinen Worten auf die Sprache aus dem 1. Buch Mose, um seine Leser auf eine neue Geschichte über einen anderen Anfang vorzubereiten oder auf einen ganz neuen Anfang. Wenn ich beispielsweise eine Rede mit den Worten „Ich habe einen Traum …" beginnen würde, wüsstest du genau, worauf ich mich beziehe.

Wenn wir einmal ein paar Verse weiterspringen, erkennen wir einen unserer bekanntesten Weihnachtsverse. Am Anfang ist dieses Wort-Wesen, sagt Johannes. Und dieses Wort-Wesen ist irgendwie wie Gott, ist bei Gott und es ist Gott. Du hast wahrscheinlich Johannes 1,14 auch schon zitiert, bevor du am Glühwein genippt und dann Weihnachtslieder gehört hast. Es ist ein klassischer Adventsvers:

„Und das Wort ward Fleisch und wohnte unter uns."

Aber das griechische Wort, das hier mit „wohnen" übersetzt wird, ist *eskenosen*, was wörtlich übersetzt „ein Zelt aufschlagen" bedeutet.

Johannes sagte also ganz klar, dass Jesus selbst sein Zelt (also seine heilige Stiftshütte) unter uns aufschlägt. Sein Leib ist jetzt der Ort, an dem Himmel und Erde aufeinandertreffen. Das System des Tempels hat seine höchste Erfüllung erreicht. Es hatte sowieso immer nur auf den großen Tempel Jesus hingewiesen. Die Herrlichkeit Gottes ist in seinen Tempel zurückgekehrt, und der sieht aus wie ein jüdischer Rabbiner aus Judäa. Das ist sehr seltsam.

Johannes sagt also mit voller Absicht in diesen wenigen Versen Dinge, die Erinnerungen wachrufen. Jesus ist der neue Anfang, der Anfang einer neuen Schöpfung, und Gott selbst schlägt sein Zelt unter uns auf – *um bei seinem Volk zu sein.*

Was wäre, wenn wir das glauben würden?

In meiner Jugend glaubte ich, dass Jesus ganz weit weg sei. Ich glaubte, dass er mit verschränkten Armen im Himmel stünde und darauf warte, dass ich endlich alles richtig mache. Und selbst wenn er mir gnädig war, stellte ich mir vor, dass er dabei die Augen verdrehte und sagte: „Grrr, schon wieder der gleiche Fehler, zum zwanzigtausendsten Mal."

Aber Johannes sagt etwas anderes. Gott will wirklich bei mir wohnen. Er will wirklich sein Zelt in meinem Leben aufschlagen. Und wenn ich immer wieder falle, dann sagt er: „Hey, kein Problem, ich bin gekommen, um zu bleiben."

Mit dieser Vorstellung habe ich oft zu kämpfen, weil Jesus ein Gott ist, der uns ganz *nah* kommt. Ein Gott, der bei uns ist, den wir berühren können, der unser Chaos sieht. Ein Gott, der buchstäblich einer von uns wurde, um sein Ziel zu erreichen.

Man sollte meinen, die Juden hätten darauf geantwortet: „Ja! Endlich! Wir warten schon ewig darauf, dass er kommt, um uns zu retten!"

Aber etwas Seltsames ist geschehen: Sie haben ihn *abgewiesen.* Sie lehnten dankend ab. Er war ein Säugling. Ein einfacher Junge vom Land. Ein Nazarener. Ein Rabbi, der ganz klar sagte, dass man das Böse mit Liebe und nicht mit Gewalt überwindet. Seit Jahrhunderten warteten die Juden auf einen König, der mit dem Schwert kommen, ihre Unterdrücker besiegen und den Tempel wiederaufbauen würde. Sie hätten niemals damit gerechnet, dass ihr König sich mit Trinkern, Sündern und Prostituierten an einen Tisch setzen würde. Wie konnte das der Messias sein?

Israels Geschichte und wie Jesus in diese Geschichte hineinkam, aber überhaupt nicht so aussah, wie die Menschen es erwartet hatten, ist auch für uns heute eine Lehre. Stell dir vor, du hast ein Blind Date. Aber zwischen dem Zeitpunkt, wo du dich verabredest, und dem Tag, an dem du die Person tatsächlich triffst, vergehen fünfzig Jahre. Fünfzig Jahre lang sagt man dir, der oder die andere sei ein starker, großer Kämpfer, und fünfzig Jahre lang malst du dir aus, wie dein Gegenüber wohl aussieht. Als ihr euch dann endlich im Restaurant trefft, kommt eine schmächtige, bescheidene, sanftmütige Person herein. Du beachtest die Person nicht einmal, weil die Realität so überhaupt nichts mit deiner Vorstellung zu tun hat.

Wir sollten niemals eine vorgefasste Meinung von Gott haben. Wir sind nach seinem Bild erschaffen, und es ist gefährlich, wenn wir das auf den Kopf stellen und Gott nach unserem Bild formen. In diesem Fall verpassen wir seine Pläne für uns. Voller Sorge und mit dem Kreuz vor Augen kündigt Jesus Jerusalem das Gericht an, denn die Menschen hatten „den Tag nicht erkannt, an dem Gott dir zu Hilfe kommen wollte".[9] Gott lebte, die Menschen, die sehnlich auf ihn warteten, konnten ihn tagtäglich sehen, aber sie erkannten ihn nicht.

Das Matthäusevangelium beschreibt das Leben Jesu für jüdische Leser. Unmittelbar vor seiner Kreuzigung gab es einige seltsame Zwischenfälle mit einem Esel, den Tischen der Geldwechsler und einem Feigenbaum. Um zu verstehen, wie schockierend diese Dinge waren, müssen wir einige Einzelheiten über die Geschichte Israels wissen.

Du hast vielleicht schon einmal von König Ahab und seiner Frau Isebel gehört. Die beiden waren böse Herrscher im Norden Israels und ihr Sohn Joram erwies sich als ebenso schlechter Herrscher wie sein Vater. Gott schickte seinen Propheten Elisa aufs Schlachtfeld zu Hauptmann Jehu, um ihn zum König zu salben. Als er gesalbt war, breiteten die anderen Soldaten ihre Mäntel vor seinen Füßen aus und riefen: „Jehu ist König." (Jehu tötete dann Joram, indem er ihm einen Pfeil ins Herz schoss, und ließ Isebel aus dem Fenster werfen und von Pferden zertrampeln. Ziemlich heftig, aber das ist eine Geschichte für ein anderes Buch.)[10]

Es gab also einen rechtskräftig eingesetzten König, aber Jehu stürzte ihn. Seine Leute zeigten ihr Einverständnis mit seinem Handeln, indem sie ihm ihre Mäntel zu Füßen legten. Das ist eine denkwürdige Geschichte, und jeder Jude, der im 1. Jahrhundert lebte, hätte Jesu Parodie darauf erkannt: Jesus zog nach Jerusalem. Die Hauptstadt. Der Mittelpunkt. Der Ort, an dem der Tempel stand – Zion.

Das war sein Augenblick und jeder wusste es. Der König ritt in die Hauptstadt, um seinen rechtmäßigen Platz einzunehmen! Aber er tat etwas unglaublich Seltsames: Statt auf einem stattlichen Pferd zu reiten, wie Jehu es getan hatte, ritt Jesus auf einem Esel. Aber die meisten in der Menge breiteten unbeirrt ihre Mäntel auf dem Boden aus und schrien: „Hosanna! Sohn Davids!", was so viel bedeutet wie: „Retter! König!"

Jesus ritt in die Stadt und seine Anhänger bekamen die Parade, die sie sich ersehnt hatten – nur nicht auf die Art, wie sie es wollten. Sie wollten jemanden, der ihre heidnischen, römischen Herrscher stürzte, aber Jesus wandte sich mit deutlichen Worten gegen Israel und Jerusalem selbst.[11] Sie wollten einen König, aber anstelle eines goldenen Throns wählte Jesus ein römisches Folterinstrument als Herrschaftssitz, mit der ironischsten Inschrift der Geschichte: „König der Juden". Sie hatten gehofft, der Messias würde Rom und das Böse besiegen, aber stattdessen griff Jesus die wahren Feinde an: Sünde und Tod.[12]

Was war also das Erste, das Jesus tat, nachdem er mutige und verräterische politische Aussagen gemacht hatte? Teilte er Waffen aus, um einen Staatsstreich anzuzetteln? Nein, er machte eine religiöse Aussage, die seiner Kultur in allem widersprach. Er ging in den Tempel und warf die Tische der Geldwechsler um.

Das ist womöglich eine der am häufigsten fehlinterpretierten Stellen der Bibel. Als Junge hörte ich immer, dass das Umwerfen der Tische ein Vorwurf gegen alle sei, die aus dem Tempel ein Geschäft machen und die Religion sozusagen ein bisschen aufhübschen wollten. Aber so funktionierte das Leben im Tempel damals eben. Juden von überallher mussten nach Jerusalem reisen, um dort die vorgeschriebenen Opfer darzubringen, und es war einfach unpraktisch, von Timbuktu mit einem Haufen Rinder, Schafe und Vögel nach Jerusalem zu reisen.

Tiere (und Getreide, Obst und Wein) wurden im Vorhof des Tempels verkauft, damit man sie dann gleich Gott opfern konnte. Die Juden erwarben dort, was sie brauchten, und gaben ihre „Opfergaben" dem Priester, der das Opfer darbrachte. Dazu brauchte man Geld. Das war ein allgemein anerkannter Brauch und auch nicht das, wogegen sich Jesu Kritik richtete. Was ihn so wütend machte, war etwas viel Heimtückischeres.

Mit lauter Stimme – so vermute ich – warf Jesus die Tische um und rief: „‚Mein Haus soll ein Bethaus heißen'; ihr aber macht eine Räuberhöhle daraus."[13] Hier führte Jesus zwei Aussagen aus zwei sehr bekannten Bibelstellen aus dem Alten Testament zusammen, die seine Zuhörer, die an jenem Tag im Tempel waren, durchaus kannten. Eine steht bei Jesaja, die andere bei Jeremia.

Der vollständige Vers bei Jesaja, aus dem er zitiert, lautet: „... denn mein Haus wird ein Bethaus heißen für alle Völker" (Jesaja 56,7; Luther). Gott wollte, dass der Tempel eines Tages ein Ort sein würde, an dem alle Stämme und Völker willkommen waren. Aber der Tempel war völlig nach innen gekehrt. Er hatte sich in einen exklusiven Country-Klub verwandelt – und einen gewalttätig-revolutionären noch dazu.

Das Wort für „Räuber", das Jesus hier verwendete, kann man auch mit „Aufständische" übersetzen. Der Tempel war zu einer Hochburg jüdischer Nationalisten geworden, die so Feuer und Flamme waren für ihre Sache, dass sie glaubten, sie müssten einen gewaltsamen Aufstand anzetteln, um Gottes Reich auf dieser Erde zu verbreiten. Israel und der Tempel sollten den Völkern die Gute Nachricht von Gottes Rettungsangebot bringen, aber jetzt hockte Israel hier am Tempel zusammen und lehnte alle Außenstehenden ab. Und genau darum geht es in Jeremia 7: wie böse und korrupt Israel geworden war.

In der Thora gibt es jede Menge Regeln, die den Tempel nur für einen ganz bestimmten Personenkreis zugänglich machen. Er war exklusiv, weil Gott eine Familie und eine Gemeinschaft erschuf, die dann hinausgehen und ein Segen für die Völker und ein Licht für die Welt sein sollte. Aber Israels Licht war erloschen.

Den Menschen ging es nur darum, die Römer loszuwerden, statt dem Kaiserreich Gott zu zeigen.

Ist dir schon mal aufgefallen, dass gerade die „Blinden und Lahmen“ zu Jesus gekommen sind und geheilt wurden? Genau die Menschen, die keinen Zugang zum Jerusalemer Tempel hatten, weil sie wegen ihrer Gebrechen unrein waren, waren unter den Ersten, die von Jesus, dem wahren Tempel, profitierten.

Und jetzt ritt Jesus nach Jerusalem, und anstatt es den heidnischen Feinden so richtig zu zeigen, stellte er als Allererstes den Tempel auf den Kopf und verkündete seinem eigenen Volk das bevorstehende Gericht. Die Tische der Händler umzuwerfen war reine Show, um Aufmerksamkeit zu erregen und zu stören. Als das ganze Geld auf dem Boden lag, hörten die Opfer sofort auf. Wenn man keine Opfertiere mehr kaufen kann, kann man auch nicht opfern. Und so kam es, dass für eine kurze Zeit – bis die Münzen wieder eingesammelt und die Tierkäfige wieder in Ordnung gebracht waren – das Opfersystem aufhörte.

Es ist kein Zufall, dass er nach diesem öffentlichen Aufruhr als Nächstes einen Feigenbaum verfluchte, weil der keine Früchte trug. Im 1. Jahrhundert galt der Feigenbaum als Symbol für Israels Führer, und so klagte er den Feigenbaum stellvertretend für sie an. Sie waren vom Weg abgekommen und hatten den Grund ihrer Existenz aus den Augen verloren. Sie waren kein Volk von Priestern mehr, das andere Menschen in die Familie Gottes aufnahm, sondern gewalttätige Revolutionäre, die alle anderen als Feinde betrachteten.

Und als im Hintergrund der Tempelberg zu sehen war, erklärte Jesus seinen Jüngern, wenn sie ihm vertrauten, hätten sie die Macht, diese Berge zu versetzen. Hier ging es nicht darum, dass man außergewöhnliche Kräfte bekam, wenn man Gott darum bat, obwohl das auch zutrifft. Hier gab Jesus seinen Nachfolgern die Kraft, den Mut und einen Hinweis darauf, dass dieser bunte Haufen Männer sich gegen eine der größten religiösen Einrichtungen und Symbole aller Zeiten stellen konnte, weil diese ihre Macht verloren hatte und unter dem Gericht Gottes stand. Der neue Ort, an dem Gott jetzt wohnte, waren diese zwölf Außenseiter, die ihr Leben unter der Herrschaft Jesu lebten.

Die Menschenrechtsbewegung in der amerikanischen Geschichte spiegelt das auf wunderbare Art wider. Was ich an Martin Luther King so liebe, ist, dass er sich nie für etwas völlig Neues oder anderes einsetzte. Er rief die Führer und Institutionen nur dazu auf, getreu der bereits verabschiedeten Gesetze und Verordnungen und getreu der Verfassung zu handeln. Unsere Vorfahren hatten ganz klar gesagt, dass alle Menschen vor Gott gleich sind, und die Menschenrechtler erhoben sich, obwohl sie geschlagen, gelyncht, von Hunden gebissen und mit Wasserwerfern in Schach gehalten wurden, um zu zeigen, dass sie sich nicht einschüchtern lassen würden.

Eine Gruppe, von der man es am wenigsten erwartet, kann die bestehenden Machthaber stürzen – vor allem, wenn diese korrupt geworden sind. Die Führungspersönlichkeiten eben jenes Landes, das uns all diese Rechte verliehen hatte, hatten versagt und waren am Ende. Sie hatten angefangen, sich für Ziele einzusetzen, die denen widersprachen, die sie ihrer Bestimmung gemäß verfolgen sollten, nämlich für alle Menschen gleichermaßen zu sorgen und sie zu schützen. Und Jesus beruft uns auch heute noch zu dieser großen Aufgabe. Wir sollten immer Menschen bleiben, die Schönheit, Güte und Gnade von Gott empfangen, um sie dann an unsere Mitmenschen und die Welt weiterzugeben.

## Ein verwundbarer Gott

Gestern habe ich etwas gemacht, das ich sehr gern tue: Ich habe mich zu meiner kleinen Tochter Kinsley auf den Boden gelegt und mich lächerlich gemacht.

Sie kann noch nicht laufen, und deshalb setzen wir sie auf den Boden, legen einige Spielsachen dazu und sehen zu, wie sie im Wohnzimmer auf dem Boden herumrollt und strampelt. Oft lege ich mich zu ihr, rolle auf dem Bauch herum und lache mit ihr. Dann bin ich wie sie. Ich spreche in Babysprache mit ihr – du weißt schon, diese Sprache, die man nicht versteht und bei der man mit sehr hoher Stimme spricht. Es ist seltsam, wie normal das für mich ist, obwohl ich eindeutig lächerlich klinge.

Wenn ich mich zu ihr lege, dann nur weil ich bei ihr sein will. Es gibt da eine ganz besondere Verbindung zwischen Eltern und Kindern, die es zwischen niemandem sonst gibt, besonders in diesem Alter.

Stell dir einmal vor, ich käme zu einem geschäftlichen Termin in einen Konferenzraum und würde auf dem Boden herumrollen und unverständlich plappern. Das wäre schräg, und die anderen würden wahrscheinlich die Männer mit der weißen Jacke anrufen.

Babysprache ist etwas, das für meine Zeit mit Kinsley vorbehalten ist. Dann bin ich auch ganz hemmungslos. Ich beherrsche mich nicht. Wir teilen kindliche Freude und Liebe. Und ich liebe es. Ich mache mir dabei keine Gedanken, ob ich jetzt etwas leiste. Ich bemühe mich nicht, mein Gesicht zu wahren oder Kinsley die richtigen Regeln beizubringen. Nein, ich kremple einfach die Ärmel hoch und begebe mich in ihre Welt.

Ich glaube, dass die Sache mit dem Tempel genauso war. Natürlich war er ein erhabenes Gebäude, aber er ist Gottes Methode, sich auf unsere Ebene zu begeben und mit uns zu spielen.

Dass Gott in den Tempel kommt, hat etwas Verletzliches. Während die meisten Götter beschwichtigt und überredet werden müssen, bei den Menschen zu bleiben, schlägt der Gott der Bibel seine Zelte bei uns auf und bleibt. Er sagt: „Nein, ich will bei meinen Menschen wohnen, und ich werde ihnen hartnäckig nachgehen, so lange, bis es passiert." Bei dem Gedanken an einen Gott, der sich verwundbar macht, zucken wir vielleicht zusammen, aber was ist mit einem verwundbaren *und* allwissenden *und* allmächtigen Gott? Diesen Gott möchte ich kennenlernen.

Salomos Tempel war ein reales Gebäude. Aber wir reden uns den immer schön, ohne dass uns klar ist, dass der Schöpfer sich allein dadurch, dass er in ein Gebäude einzieht, unglaublich demütig und verwundbar macht. Es bedeutet nämlich, dass der unendliche Gott sich selbst in die Endlichkeit begibt. Der Schöpfer aller Dinge wohnt in einem Haus aus Holz und Stein. Man sollte meinen, die Israeliten seien vor ihm niedergefallen und hätten ihn angebetet, weil er beschlossen hat, bei seinem Volk zu sein.

Aber nein. In allen Prophetenbüchern lesen wir immer wieder die Anklage gegen Israel: Halsstarrigkeit, Götzendienst, Undankbarkeit.

Das Erstaunliche dabei ist, dass Gott nicht mit dem Finger schnippt und sagt: „Na schön. Wenn ihr mich nicht wollt, dann will ich euch auch nicht." Dazu hätte er sicher allen Grund gehabt, aber stattdessen gibt er weiter Verheißungen und geht ihnen nach. Er sehnt sich danach, bei seinem Volk zu wohnen, gestern genauso wie heute.

Also geht er ihnen nach, kommt zu ihnen und dann – Stille. Vierhundert Jahre lang, um genau zu sein. Aber die Verheißung, dass er zu seinem Volk kommen würde, steht immer noch im Raum.

Und dann taucht Jesus auf. Gott als wandelnder Tempel. Gott in Fleisch und Blut. Der Ort, an dem Gott wohnt, ist jetzt mitten unter uns. Aber vielen Juden entging das. Sie wollten Macht und nicht Liebe und Gerechtigkeit und Gnade.

Sie gingen sogar so weit, ihn zu töten. Sie nagelten Gott ans Kreuz. *Wir* haben Gott ans Kreuz genagelt.

Man sollte meinen, damit sei Gottes Toleranzgrenze erreicht und er würde uns alle loswerden wollen. Kannst du dir all den Schmerz und die Trauer vorstellen? Stell dir einmal vor, dein Freund oder deine Schwester oder dein Bruder würden eine Entscheidung treffen, die euer aller Leben auf den Kopf stellt, und wie sehr dich das schmerzen würde. Und jetzt multipliziere diesen Schmerz milliardenfach über Tausende von Jahren. Das ist der Schmerz, den wir Gott zugefügt haben. Er hätte sich doch von uns abwenden und hoch erhaben im Himmel bleiben können, aber er wusste, dass Liebe nur möglich ist, wenn man sich verwundbar macht.

Statt uns nach Jahrhunderten der Rebellion einfach von der Erde zu fegen, steht er von den Toten auf und schickt uns dann seinen Heiligen Geist, um in uns zu wohnen! Noch verwundbarer kann man sich nicht machen. Wir können Gottes Geist also betrüben, weil wir jetzt der Ort sind, an dem er wohnt, sein Tempel.

Gott geht endgültig noch einen Schritt auf uns zu, und jedes Mal, wenn er sich uns zeigt, macht er das auf eine noch ungeschütztere Weise. Er will sich uns zeigen, und dazu macht er sich selbst verwundbar.

Andere Götter scheinen erhaben, mächtig und unantastbar; bei ihnen müssen wir den ersten Schritt gehen, die Initiative ergreifen, um sie zu besänftigen.

Aber dieser Gott, Jesus, sagt: „Nein. Ich mache den Anfang. Ich hänge mich voll rein. Ich riskiere es, verletzt zu werden. Ich komme zu euch runter."

Und er geht uns unnachgiebig hinterher und sucht uns. Er beweist, dass die Liebe früher oder später ein Menschenherz gewinnen wird. Nun liegt es nur noch an uns: Ob wir uns wohl auf ihn einlassen?

Zuerst Gott im Tempel, dann Gott in Jesus und jetzt Gott in uns. Und die Bibel geht noch weiter, denn im 21. Kapitel der Offenbarung heißt es, dass wir keinen Tempel mehr brauchen werden, weil Gott unsere Wohnung ist.

Wenn du einmal einen seltsamen Vers darüber lesen willst, was am Ende der Zeit passieren wird, lies Jesaja 11,9: „... denn wie das Wasser das Meer füllt, so wird die Erde mit der Erkenntnis des Herrn erfüllt sein."

Das hebräische Wort, das hier mit „Erkenntnis" übersetzt wird, kann auch „vertraut sein" bedeuten. Hier geht es nicht um mathematisches oder wissenschaftliches Wissen. Hier geht es um ein Wissen durch Vertrautheit. Wer verheiratet ist, *kennt* seinen Partner.

Dieser Vers sagt auch, dass am Ende der Zeit, wenn alles vollständig wiederhergestellt ist, das Gewicht, die Herrlichkeit und die Erkenntnis Gottes die Erde bedecken werden, so wie das Wasser das Meer bedeckt.

Zunächst einmal klingt der Vers schön poetisch, aber wenn man darüber nachdenkt, klingt er doch seltsam.

Wie bedeckt das Wasser das Meer? Wir haben einmal an einem kleinen Bergsee im Staate Washington gewohnt. Er war künstlich angelegt worden und wurde jeden Winter abgelassen. Wenn ich beim Schreiben aus dem Fenster sah, war er praktisch leer. Es war nur noch eine riesige, mit Schmutz bedeckte Mulde da, mit ein paar Baumstümpfen darin.

Wenn sie das Wasser aus dem See ließen, nahmen sie den ganzen See weg. Das Wasser *bedeckt* also das Meer nicht nur – das Wasser *ist* das Meer. Diese beiden Dinge sind so eng miteinander verwoben, dass sie praktisch das Gleiche sind, weil das Meer eine Form von Wasser ist.

Gott will also Folgendes sagen: Wenn er schließlich sein Ziel mit uns erreicht und ganz bei seinen Menschen wohnt, in völliger Vertrautheit, und wenn Sünde, Tod und alles Böse weg sind, dann werden seine Herrlichkeit und Schönheit die Erde und unser Leben so tief bedecken, dass man beides nie wieder trennen kann. Ähnlich wie das Wasser und das Meer werden seine Herrlichkeit und die Erde völlig miteinander verbunden sein und nie wieder getrennt werden.

Ist das die Bahn, auf der dein Leben verläuft?

Das Schöne an der Bibel ist, dass wir das Ende lesen können. Und jedes Mal, wenn ich das Ende lese, muss ich mich selbst fragen, ob mein Leben in diese Richtung verläuft. Hin zu immer größerer Vertrautheit mit Gott? Hin zur Schönheit? Dahin, dass Gott bei mir wohnt? Lasse ich zu, dass er in allen Dingen in meinem Leben wohnt? Er kommt herunter und macht sich verwundbar. Erwidere ich das und tanze mit ihm zur Melodie der Ewigkeit?

Das Unglaubliche daran ist, wenn man sich einmal darauf einlässt, hört es nie wieder auf. Wenn wir einmal anfangen, Jesus nachzufolgen, geht es jeden Tag in unserem Leben nur noch darum, unserem Schöpfer immer näherzukommen. Das ist nichts, was man irgendwann erreicht hat oder bei dem man ins Ziel einläuft.

Jeder Tag ist ein Kampf, und manche Tage sind besser als andere, aber es geht darum zu beschließen, jeden Moment unseres Lebens darauf auszurichten. Was kannst du tun, um dein Leben richtig auszurichten? Welche kleinen Dinge kannst du heute tun, damit dein Leben in der richtigen Bahn verläuft? Schließlich weißt du ja schon, wie die Geschichte ausgehen wird.

KAPITEL 3

# DIE MENSCHEN SIND ANDERS, ALS DU DENKST

Sie sind deine Nächsten,
die du lieben und nicht
benutzen sollst

**Wenn ich mich schäme, würde ich mich immer am liebsten verkriechen.**

In meinem ersten Studienjahr besuchte mich meine Freundin ab und zu. Da ich auf eine christliche Uni ging und Mädchen im Wohnheim verboten waren, gingen wir ins Hotel.

Wenn ein junger Mann mit seiner Freundin ein Wochenende im Hotel verbringt, dann spielen sie meistens nicht die ganze Nacht *Scrabble*. Wir waren in unserer Beziehung an einen Punkt gelangt, an dem wir miteinander schliefen. Da wir uns als Christen bezeichneten, war ich den üblichen Kreislauf von Verlangen, Scham und dann Reue gewohnt, der jedes Mal einsetzte, wenn wir dem Verlangen nachgaben.

Aber diesmal war es anders. Viel stärker. Viel schmerzlicher. Am Morgen danach wurde uns klar, dass wir nicht verhütet und uns nicht einmal Gedanken darüber gemacht hatten, was das bedeuten könnte. Was war, wenn sie schwanger wurde? Was, wenn wir gerade ein Kind gezeugt hatten? Was sollten wir dann tun?

Und da schoss mir ein Wort durch den Kopf, das schärfer war als jede Klinge: *Abtreibung*.

Es war das erste Mal, dass ich so etwas überhaupt dachte. Wenn ich mit Abtreibungsbefürwortern debattiert hatte, dann hatte ich immer dagegen argumentiert.

*Wussten sie denn gar nicht, dass es hier um ein Leben ging? Wussten sie denn nicht, dass sie nicht das Recht hatten, darüber zu entscheiden, wer starb und wer leben durfte? Wussten sie denn nicht, dass es eigentlich ganz einfach war, nicht schwanger zu werden: keine dummen Entscheidungen treffen?*

Von den ersten beiden Punkten war ich immer noch überzeugt. Aber den letzten hatte ich über Bord geworfen, denn jetzt ging es um mein eigenes Leben. Wir konnten einfach kein Kind bekommen, weil wir beide noch studierten und unterschiedliche Berufe lernen wollten. Wir konnten kein Kind bekommen, weil wir eine extrem ungesunde Beziehung hatten (in einem Moment liebten und im nächsten hassten wir uns). Keiner von uns beiden wollte mit dem anderen für den Rest des Lebens zusammen sein und ein Kind hätte diese Beziehung besiegelt. Wir konnten kein Kind bekommen, weil ich doch ein Christ war, ein braver Junge – und es bestand die Gefahr, dass meine Täuschung aufflog.

*Was war, wenn die anderen es herausfanden? Was würden sie nur von mir denken?*

Also fuhren wir am Morgen zur Apotheke und sie holte sich die „Pille danach". Und dann warteten wir.

Die nächste Zeit war mit die härteste, die ich je durchgemacht habe. Ich wusste kaum, wie ich sie überstehen sollte. Meine Gedanken kreisten nur um diese eine Frage: *Was, wenn?*

Sie wurde nicht schwanger, aber ich werde diesen Augenblick nie vergessen. Die Scham saß so tief und war so schmerzlich, dass ich sie sieben Jahre später fast noch spüren kann. Wir schämten uns nicht nur, weil wir als Christen vor der Eheschließung Sex gehabt hatten. Die Scheinheiligkeit, nach außen gegen Abtreibung zu sein, aber insgeheim über eine Abtreibung nachzudenken, schmerzte beinahe noch mehr.

Scham fühlt sich irgendwie schleimig an, so als würde sie dich zudecken, und du kannst es nicht verhindern. Und dann wiederholen die Stimmen in deinem Kopf, die dich verurteilen und ablehnen, immer wieder das, was du ohnehin schon glaubst: *Du bist eklig. Schmutzig. Nicht gut genug.*

Und wenn dieses Gefühl in uns hochkommt, würden wir uns am liebsten verstecken. *Vertuschen. Lügen. Zumachen. Den Schmerz betäuben.*

Es war nicht das einzige Mal, dass ich das Gefühl hatte, von oben bis unten mit Scham bedeckt zu sein, und alles tat, um es zu vertuschen. Ich erinnere mich noch daran, dass ich mich auch so gefühlt habe, als ich mit fünfzehn wegen Ladendiebstahls festgenommen wurde. Ich erinnere mich, dass ich mich so fühlte, als meine Schwester oder meine Mutter – mehrfach – Pornos auf unserem gemeinsam genutzten Computer fanden. Ich erinnere mich, dass ich mich so fühlte, als ich auf der Uni dabei erwischt wurde, dass ich bei einem Referat abgeschrieben hatte, weshalb ich in dem Kurs durchfiel und beinahe meinen Abschluss nicht geschafft hätte. Etwas in mir verkroch sich jedes Mal tiefer ins Loch. Ich fühlte mich nackt, bloßgestellt, beschämt, schuldig, verletzt und abgelehnt.

Scham verhindert Vertrautheit, Verwundbarkeit und Transparenz. Wenn unsere menschliche Unvollkommenheit aufgedeckt wird, dann besteht unsere natürliche Reaktion nicht darin, uns dem Licht auszusetzen, sondern davonzulaufen und uns zu verstecken. Wir ziehen uns zurück und setzen eine Maske auf.

Das Komische daran ist nur, dass wir das von unseren allerersten Eltern gelernt haben.

Spulen wir die Geschichte einmal bis zum Garten Eden zurück. Gott hatte eine wunderschöne und erstaunliche Welt erschaffen und die Träger seines Ebenbildes – die Menschen Adam und Eva – hineingestellt, damit diese sie bewahrten, darin etwas erschafften und der Welt vorlebten, wie er (Gott) war. Er gab ihnen nur ein einziges Gesetz: Esst nicht vom Baum der Erkenntnis des Guten und Bösen.

Wie der Name des Baumes nahelegt, *erkennen* die beiden, was gut und was böse ist, als sie eine Frucht davon essen. Das weist darauf hin, dass sie vorher Gut und Böse *nicht* unterscheiden konnten. Wie sollten sie also als Menschen, die in diese Welt gesetzt worden waren und eine Aufgabe bekommen hatten, wissen, was sie tun sollten? Die einzig mögliche Erklärung: durch ihre völlige Abhängigkeit von Gott, ihrem Schöpfer. Die einzige Möglichkeit, wie sie vermeiden konnten, etwas Böses zu tun, von dem sie nicht wussten, dass es böse war, bestand darin, sich völlig darauf zu verlassen, dass Gott es ihnen sagen würde. Als sie aber von dem Baum aßen, machten sie damit deutlich, dass sie die Abhängigkeit von Gott und die vertraute Beziehung zu ihm ablehnten.

*Wir brauchen dich nicht. Wir wollen dich nicht. Wir können das selbst.*

Für uns hier im Westen klingt das nicht gerade schlimm. Unsere gesamte Kultur basiert doch auf Autonomie und auf dem Gedanken, dass wir uns durchaus selbst am eigenen Schopf aus dem Sumpf ziehen können. Doch wenn wir ehrlich sind, müssen wir zugeben, dass die leise Stimme in uns zwar sagt, dass wir unser Leben allein meistern sollten, dass diese Unabhängigkeit aber ziemlich anstrengend ist.

Aber Gott gab den Menschen das Gebot, nicht von diesem einen Baum im Garten Eden zu essen, nicht willkürlich. Ich dachte immer, dass dieses Gebot ausgesprochen seltsam sei – es kam mir so vor, als wollte Gott uns erst damit verleiten, dieses Gebot überhaupt zu übertreten. Ich habe mich gefragt: „Gott, wenn du nicht wolltest, dass wir von dem Baum essen, warum hast du ihn dann überhaupt erschaffen?"

Aber der Baum sollte die Menschen nicht zur Sünde verleiten. Er war eine Einladung zur Vertrautheit. Gott ließ den Menschen die Wahl, ob sie mit oder ohne ihn leben wollten. Wir können uns auf ihn verlassen, was das Urteil über Gut und Böse angeht, weil wir es selbst einfach nicht wissen. Oder wir können „von der Frucht essen" und unseren eigenen Maßstäben, Mitteln und Wegen folgen. Das eine führt zum Leben, das andere zur Zerstörung.

Doch Eva und Adam vertrauten lieber den Worten der Schlange: „Unsinn! Ihr werdet nicht sterben […], aber Gott weiß: Wenn ihr davon esst, werden eure Augen geöffnet – ihr werdet sein wie Gott und wissen, was Gut und Böse ist" (1. Mose 3,4–5). Damit griffen sie nach dem Thron, nach der Herrschaft über diese Welt. Und sofort wussten sie, was gut ist und was böse. Etwas war zerbrochen. Etwas ging kaputt. Die Frucht versprach etwas, das sie nicht halten konnte, und die Illusion zerplatzte. In der Bibel steht an dieser Stelle: „Plötzlich gingen beiden die Augen auf, und ihnen wurde bewusst, dass sie nackt waren." Bloßgestellt. Aufgedeckt. Beschämt. Schuldig. In aller Öffentlichkeit.

Weiter heißt es dort: „Hastig flochten sie Feigenblätter zusammen und machten sich einen Lendenschurz. Am Abend, als ein frischer Wind aufkam, hörten sie, wie Gott, der Herr, im Garten umherging. Ängstlich versteckten sie sich vor ihm hinter den Bäumen."[1] Die Ursünde, die Sünde hinter allen Sünden, war also, dass sie sagten: „Ich will wie Gott sein. Ich will wissen, was gut und was böse ist. Ich will völlig unabhängig sein. Ich will auf seinem Thron sitzen."

Bei Sünde geht es nicht so sehr darum, dass du einen Joint rauchst oder deinen Boss bestiehlst, sondern vielmehr, dass du sagst: *Ich weiß selbst, was richtig ist.* Und jedes Mal, wenn wir sagen, dass wir wissen, was richtig und was falsch ist, machen wir uns zu unserem eigenen Richter und Gott. Das kann sich in allen möglichen Verhaltensweisen zeigen, die nicht gut für uns und das Wohlergehen der Menschen sind. Ich möchte hier klarstellen, dass das Problem nicht ist, *dass* wir wissen, was gut und böse ist, sondern *woher* wir das wissen. Verlassen wir uns darauf, dass Gott uns zeigt, was richtig und falsch ist, oder verlassen wir uns auf uns selbst? Das eine bringt Leben, das andere bringt den Tod.

Aber jetzt kommt das Beste: Der Anfang der Geschichte schildert die Ursünde. Aber was ist Gottes Urantwort darauf? Wir wissen, was die Menschen als Erstes getan haben, aber was hat Gott darauf als Erstes getan?

Was war Gottes erste Reaktion, nachdem die Menschen ihm einen Strich durch diese ganze Schöpfungssache gemacht hatten? Sie hatten genau das getan, was sie nicht tun sollten, also hatte Gott das Recht, sie zu bestrafen, zu verurteilen oder von der Erde zu fegen.

Aber in der Bibel heißt es, dass Gott durch den Garten ging und zwei Fragen stellte: „Wo bist du?“ Und als Adam antwortete, er habe sich versteckt, weil er sich nackt fühle und sich schäme, fragte Gott: „Wer hat dir gesagt, dass du nackt bist?“[2]

Gott ist *Gott*, also glaube ich nicht, dass er mit den ersten Menschen Verstecken gespielt hat oder ihre genauen GPS-Koordinaten nicht kannte.

„Adam, mein Freund, hinter welchem Busch hast du dich versteckt? Ich kann dich nicht finden.“ Nein, es war eine rein rhetorische Frage. Es war eine flehentliche Bitte voller Schmerz. Ich kann mir den stechenden Schmerz gut vorstellen, den Gott im Augenblick des Verrats empfunden haben muss. Diese wunderschöne Welt, die Gott erschaffen hatte, und die Beziehung zu den Menschen waren vollkommen gewesen, aber beides wurde in nur einem Augenblick aus dem Gleichgewicht gebracht.

Gott hätte allen Grund gehabt, wütend zu werden. Er hätte sie ihrem Schicksal überlassen können, aber er tat etwas Faszinierendes. Er schaute nach ihnen.

*Adam, wo bist du?*

*Mein Sohn, meine Tochter, wo bist du hingegangen?*

*Du musst dich nicht vor mir verstecken.*

Gottes Stimme lädt uns noch heute ein, aus unserem Versteck herauszukommen – daran erkennst du, dass es Gottes Stimme ist. Wenn du gerade Schwierigkeiten hast, Gottes Stimme zu erkennen, dann frag dich doch einmal, welche Stimme dich aus deinem Versteck herausruft und zu einer vertrauten Beziehung einlädt.

Wir können nur dann heil werden, wenn wir aufhören, uns zu verstecken. Wenn ich in meinem Leben tiefe Freude erfahren haben, dann nur deshalb, weil ich aufgehört habe, mich vor anderen zu verstecken. Ich habe um Hilfe gebeten und zugegeben, dass ich den anderen – und Gott – nicht länger etwas vormachen konnte.

Aber unsere Geschichte geht noch weiter. Gott fand Adam, der vermutlich mit gesenktem Kopf vor sich hin jammerte, dass er Angst hatte, weil er nackt war.

Und Gott stellte eine weitere brisante Frage: „Wer hat dir gesagt, dass du nackt bist?“[3]

*Wer hat dir gesagt, dass du nicht gut genug bist?*

*Wer hat dir gesagt, ich würde dich nicht lieben?*

*Wer hat dir gesagt, dass du ein Versager bist?*

*Ich war es ganz bestimmt nicht.*

Und seit damals, ganz am Anfang, hat Gott nicht aufgehört, diese Frage zu stellen. Durch die ganze Menschheitsgeschichte hindurch, bis zu diesem Augenblick, hallt diese Frage in Schulen, Büros, auf Sportplätzen und in Modeagenturen wider. Warum versteckst du dich?

Ich habe seine Stimme schon in Momenten gehört, wo ich genau das gebraucht habe. Bei all den Begebenheiten, von denen ich am Anfang des Kapitels erzählt habe, wenn ich beim Baseball versagt hatte, wenn ich etwas vermasselt oder einen Freund im Stich gelassen hatte, flüsterte Gott mir immer zu: „Für mich bist du gut genug. Du bist geliebt. Du gehörst zu mir."

Seine Stimme ruft uns immer aus unserem Versteck *heraus* und in eine vertraute Beziehung *hinein*, weil es Gott genau darum geht. Vom ersten bis zum letzten Buch der Bibel gibt er uns zu verstehen, dass er bei seinen Menschen sein möchte. Er will Vertrautheit, nicht Verborgenheit; er will Transparenz, keine Masken. Dass wir Gott kennen und er uns kennt, ist der Tanz der Ewigkeit.

Aber die Bibel zeigt, dass wir seinen Plan durchkreuzt haben. Wir essen immer wieder vom Baum der Erkenntnis von Gut und Böse, während Gott uns unaufhörlich nachgeht. Gott will bei seinen Menschen sein, aber das ist keine Einbahnstraße. Damit das möglich wird, müssen wir aus unserem Versteck kommen und unsere Masken abnehmen. Wir müssen auf ihn zugehen. Wir müssen uns verwundbar machen. Wir müssen unsere Ohren auf Gottes Herzschlag ausrichten.

Und statt uns zur Unterordnung zu zwingen, geht Gott den langen Weg und umwirbt uns, damit wir zu ihm zurückkehren. Er führt uns auf einen Weg, der in eine immer tiefere Vertrautheit führt.

## Die biblische Erzählung

Wenn du genau auf den Herzschlag Gottes achtest und hörst, wie er uns zurück in den Garten Eden ruft, dann merkst du, dass das keine einmalige Sache ist. Im gesamten 1. Buch Mose geht es darum, dass Gott Adam - den Menschen - immer wieder fragt: „Wo bist du?“

Das Problem ist nur, dass das 1. Buch Mose zwar wunderbar geschrieben ist, aber meistens missverstanden wird. Wie ich in Kapitel 2 erwähnt habe, besteht es aus zwei Teilen: den ersten 12 und den letzten 38 Kapiteln. Der Wendepunkt ist der Bericht von Abraham. Sogar die Art und Weise, wie die Geschichte erzählt wird, ändert sich mit Abraham drastisch.

Bevor er auftaucht, liefert uns das 1. Buch Mose actionreiche Schlaglichter, wie zum Beispiel den Turmbau zu Babel und die Sintflut. Aber die Geschichte darüber, wie aus Abram Abraham wurde, erstreckt sich über 13 Kapitel! Tausenden von Jahren Menschheitsgeschichte sind weniger Kapitel gewidmet als dem Leben dieses einen Mannes. Das heißt wohl, dass die Geschichte ziemlich wichtig ist. Nach Abraham werden die biblischen Berichte nicht mehr von Einzelereignissen, sondern von Personen bestimmt. Abraham, Isaak, Jakob und Josef beherrschen die Texte.

Wenn wir also mit etwas Abstand einmal die gesamte Geschichte in 1. Mose betrachten, sehen wir, dass Gott schon immer bei den Menschen sein wollte. Die Menschen rebellierten und wurden verbannt. Die Menschen liefen weg und versteckten sich östlich von Eden. Dass jemand ostwärts zieht, kommt in diesem Teil der Bibel öfter vor, vor allem dann, wenn etwas Schlimmes passiert ist. Als sei dieses Ostwärts-Ziehen ein Bild dafür, vom Garten Eden wegzugehen - weg von Gott und weg von der Vertrautheit.

Das können wir überall sehen. Als Kain seinen Bruder tötet, wird er nach Osten verbannt, ins Land Nod. Unmittelbar bevor der Turm von Babel errichtet wird, ziehen die Menschen nach Osten. Als Abraham und sein Neffe Lot Streit haben und sich trennen, geht Lot nach Osten, nach Sodom und Gomorra.

Nach Osten ziehen heißt, von Gott weggehen, sich weiter vom Garten Eden und seiner Gegenwart entfernen. In den ersten zwölf Kapiteln gehen also alle immer nach Osten. Und alles wird immer schlimmer.

Aber dann taucht Abraham auf. Dieser Mann des Glaubens, der sich abhängig und verwundbar macht, wird an einen unbekannten Ort gesandt und vertraut darauf, dass Gott ihn sicher dorthin bringt. Und in welche Richtung reist er? Nach Westen.

Zurück zum Garten. Zurück zur Gegenwart Gottes.[4]

Von Abraham führt der Weg weiter zu Isaak, Jakob, Josef und schließlich zu Mose und dem Volk Israel. Und hier fangen, glaube ich, viele von uns an, ganze Abschnitte in der Bibel zu überspringen. Es ist leicht, den Erzählungen zu folgen, und wir haben viel über sie in der Sonntagsschule gehört. Wir kennen alle bekannten Personen und wir erinnern uns noch an die kunstvollen Erzählungen. Aber wenn dann die Gesetzestexte aus 2., 3. und 5. Mose kommen, sind viele von uns entweder gelangweilt oder ziemlich verwirrt.

Dieser Teil der Bibel heißt deshalb auch treffend „das Gesetz" oder „die Thora", was man mit „Weisung" oder „Belehrung" übersetzen kann. Viele Christen, und dazu gehöre ich auch selbst, kämpfen mit dem Gesetz. Wir haben uns mit einem falschen Gegensatz zufriedengegeben, der da lautet: Das Gesetz ist schlecht, die Gnade ist gut. Oder auch: Das Alte Testament ist nicht wichtig, uns reicht Jesus. (Wenn du das nicht glaubst, dann schau doch mal bei deinem nächsten Hotelaufenthalt in die Schublade deines Nachttischs. Wenn dort eine Bibel liegt, handelt es sich oft nur um ein Neues Testament.) Und wenn wir das Alte Testament lesen, dann meistens nur 1. Mose, die Psalmen und Sprüche.

Gott würde uns nichts geben, das unwichtig ist. Er ist ein guter und gnädiger Vater. Er würde uns niemals etwas geben, das uns nicht auch Freude machen würde. Zu unserem Besten wäre. Ja, diese Passagen sind langatmig und extrem detailliert, aber das liegt daran, dass Israel gerade aus 400 Jahren Sklaverei befreit worden war und noch nie eine eigene Regierung, ein eigenes Wirtschaftssystem und ein eigenes Rechtswesen gehabt hatte. Und das Volk hatte auch noch nie eine systematisierte Religion gehabt.

Also gab Gott ihnen 613 Gesetze. Diese sind ein bisschen so wie unsere amerikanische Verfassung, das Glaubensbekenntnis und Luthers 95 Thesen alles in einem. Diese Schriftstücke sind ebenfalls langatmig und detailliert (und werden immer noch regelmäßig ergänzt und neu ausgelegt), aber so legt unser Land seine Identität fest.

Und Israel liebte das Gesetz. Sie schrieben Lieder darüber. David schrieb sogar, dass die Thora wie Honig auf seinen Lippen sei:

*Die Gebote, die der Herr gegeben hat, sind richtig, vollkommen und gerecht. Sie lassen sich nicht mit Gold aufwiegen, sie sind süßer als der beste Honig.*[5]

Das Gesetz war ihre Grundsatzerklärung. Es beschrieb eine neue Art zu leben. Es verkündete ihren absoluten Widerstand gegen die Lebensart anderer Kulturen. Es hob sie von allen anderen Völkern ab und betonte ihre Stellung als Volk Gottes.

Die anderen beteten eine Vielzahl von Göttern an, aber das Gesetz verkündete, dass es nur einen Gott gab, der über allen stand.

Die anderen gebrauchten, missbrauchten und beuteten sich gegenseitig aus. Das Gesetz schrieb vor, man solle seinen Nächsten lieben wie sich selbst.

Die anderen sagten, man solle nie aufhören zu arbeiten. Das Gesetz gebot Israel, an einem Tag in der Woche zu ruhen und gutes Essen zu genießen und sich an der Familie zu erfreuen.

Die anderen sagten, man solle für sich selbst sorgen. Das Gesetz schrieb vor, man solle einen Teil der Ernte den Armen geben.

Das Gesetz zeigte eine neue Art zu leben auf und unterwies Gottes Volk darin, die Träger seines Planes zur Rettung der Welt zu sein.

Aber es gab da ein Problem: Israel war nicht nur Teil der Lösung, sondern sie merkten schon bald, dass sie auch Teil des Problems waren. Sie hatten das Wesentliche nicht verstanden. Sie versteckten sich gewissermaßen hinter der Thora, statt ihrem Kerngedanken zu folgen: aus dem Versteck hervorzukommen.

Das Gesetz sollte das Volk Israel in eine engere, tiefere Gemeinschaft mit Gott führen. In der Thora ist ein ganzes Buch – das 3. Buch Mose – der richtigen Anbetung Gottes gewidmet, zunächst in der Stiftshütte, später im Tempel. Gott wollte unter seinem Volk wohnen. Er wollte bei ihnen auf der Erde sein. Aber um echte Vertrautheit zu erleben, müssen beide Partner aktiv werden.

Einer der Grundsätze des Gesetzes war Gehorsam. Gehorsam im Sinne der Thora lässt sich am besten so zusammenfassen: „*Wenn* du dies tust, *dann* schenke ich dir jenen Segen." Und das Gegenteil des Gehorsams im Sinne der Thora war: „Wenn du das nicht tust, dann kommt ein Fluch über dich." Wenn du gehorchst, wirst du gesegnet. Wenn du nicht gehorchst, wirst du bestraft.

Viele zucken zusammen, wenn sie das hören. Das kann doch unmöglich Gottes Wesen entsprechen. Sieht so etwa Gnade aus?

Ja, tut es. Und Eltern machen doch genau das Gleiche. Aber diese Art von Gehorsam soll nicht ewig andauern. Er ist nur ein Mittel, um uns in eine vertrautere Beziehung zu führen. Als ich noch klein war, hat meine Mutter manchmal mithilfe von Süßigkeiten versucht, mir etwas anzugewöhnen oder mich dazu zu bewegen, etwas zu tun – zum Beispiel auf den Topf zu gehen, als ich noch sehr klein war, oder später mein Zimmer aufzuräumen. „Wenn du dein Zimmer aufräumst, bekommst du einen Schokoriegel."

Das klingt ziemlich normal, nicht wahr? Und so ein bisschen Bestechung ist doch ein effektives Erziehungsmittel, oder?

Es gibt nur ein Problem damit: Diese Art der Motivation sollte nicht ewig so weitergehen. Eine Zeit lang ist das gut, aber irgendwann sollten wir ein bestimmtes Verhalten auch ohne Belohnung an den Tag legen.

Spulen wir einmal von der Kindheit vor zum Uniabschluss. Ich war in den sechs Monaten seit Weihnachten nicht mehr zu Hause gewesen, und ich freute mich sehr darauf, meine Familie zu sehen. Es wäre doch wirklich seltsam, wenn ich nach Hause fahren würde, zur Tür hereinkäme, und meine Mutter würde sich herunterbeugen und in einer falschen Kinderstimme sagen: „Jeffy, wenn du dein Zimmer aufräumst, bekommst du einen Schokoriegel."

Das wäre echt peinlich und einfach nur falsch.

Ein Student sollte nicht mehr deshalb auf die Toilette gehen, sein Zimmer aufräumen, Geschirr spülen oder seiner Mutter helfen, weil er einen Schokoriegel will. Meine Mutter will nicht für alle Zeiten der Süßigkeitenspender sein, sie will meine *Mutter* sein. Die Schokoriegel haben mich nur auf die richtige Spur gebracht, hin zu mehr Wissen und einem tieferen Verständnis. Sie haben geholfen, mich zu formen und zu prägen. Jetzt tue ich das alles, weil ich sie liebe und erkannt habe, dass diese Dinge gut für mich sind.

Genauso ist es auch bei Gott. Das Gesetz war dazu da, die Israeliten in eine größere Vertrautheit mit Gott zu führen. Aber die Israeliten schienen sich im Kreis zu drehen und machten immer wieder dieselben Fehler. Sie gaben Gott lange Zeit auf, bevor sie zu ihm zurückkehrten und der Kreislauf wieder von vorn anfing.

In Psalm 51, Vers 18 schreibt David: „Du willst kein Schlachtopfer, sonst hätte ich es dir gebracht. Dir gefällt nicht, dass man Tiere schlachtet und für dich verbrennt, um von der Sünde freizukommen." Er hatte begriffen, dass Gott etwas *Tieferes* wollte. Das Opfersystem war ein Pfeil, der nach vorn deutete. Der tiefer zeigte. Der auf etwas Größeres hinwies. Gott hätte gern, dass seine Kinder gar nicht erst sündigen, sondern einfach mit ihm leben. Dass sie bei ihm sind. Dass sie ihn kennen.

Die Propheten haben das verstanden. Nehmen wir zum Beispiel Micha. In Kapitel 6 seines Buches verliest er den Israeliten in Jerusalem eine Anklageschrift. Gott klagt sein Volk an, weil es ihn verlässt. Die Israeliten wissen, dass keine noch so große Zahl an Opfern Gott beschwichtigen wird, aber Micha erzählt ihnen, was ihn beschwichtigen wird: „Er fordert von euch nichts anderes, als dass ihr euch an das Recht haltet, liebevoll und barmherzig miteinander umgeht und demütig vor Gott euer Leben führt."[6]

Er denkt also den Thora-Gehorsam logisch bis zu Ende durch: Alles, was Gott will, ist, dass wir „demütig" mit ihm leben.

Das ist Vertrautheit. Nähe. Beziehung. Gott hatte etwas mit ihnen vor. Die Bibel verfolgt einen Kurs. Ja, es gibt Spiralen von Ungehorsam und Gehorsam, aber mit jeder Geschichte bewegt sich die Erzählung weiter.

Deshalb endet die Bibel auch nicht so, wie sie angefangen hat. Sie fängt in einem Garten an und endet in einer Stadt. Sie fängt mit dem Gesetz an und endet mit einer vertrauten Beziehung. Sie fängt mit Gott in einem Zelt an und endet mit Gott in uns.

## Was für eine Aussicht

Alyssa und ich hatten hinter unserem Haus im Staate Washington einen unglaublichen Blick auf den Mount Rainier. Wir waren schon ein paarmal um den Fuß des Berges gewandert, und dort hatte man eine der großartigsten Aussichten, die mir je untergekommen sind.

Stell dir einmal vor, wir wären zum Wandern dorthin gefahren, hätten den Berg aber noch nie zuvor gesehen. Wir hätten nur von anderen davon gehört und jeder hätte ihn ein wenig anders beschrieben.

Nach knapp zwei Kilometern Fußmarsch durch den Nationalpark kommen wir an ein großes Schild. Auf diesem befinden sich der Schriftzug „Mount Rainier“ und ein Pfeil. In unserer Naivität denken wir, wir seien angekommen. Wir rufen: „Wir sind da!“ Wir holen unsere Smartphones raus und machen Selfies von uns und dem Schild. Wir stellen sie ins Netz und erzählen allen, wir hätten den Mount Rainier gesehen.

Wäre das nicht echt schräg? Wir waren ja nicht wirklich am Mount Rainier. Das Schild mit dem Pfeil sollte uns nur den richtigen Weg weisen.

Das Faszinierende daran ist, dass es mit Jesus und uns ganz ähnlich ist. Das Alte Testament ist ein Hinweisschild, das auf die wahre Realität weist.

Der Tempel, die Opfer, der Sabbat und das Brot: Sie alle weisen auf etwas hin. Sie weisen auf die Erfüllung der Verheißung an Abraham hin, aber weil Gottes Kinder lieber Hinweisschilder anbeten, statt demütig mit Gott zu leben, ist den Juden damals Jesus entgangen. Und uns entgeht Gott auch immer wieder.

Man braucht auf einer Reise Hinweisschilder, aber wenn wir unser Ziel einmal erreicht haben, wäre es absurd, immer wieder zu den Hinweisschildern zurückzukehren. Interessant ist auch, dass Schilder kein Leben spenden. Genau wie beim Mount Rainier kann uns nur der Anblick des Berges selbst ins Staunen versetzen und uns das Gefühl vermitteln, am Leben zu sein.

Und in dem Augenblick, wo sie die Hinweisschilder völlig falsch verstanden haben, hat Gottes Schöpfung, die seine Schönheit widerspiegeln sollte, ihn getötet. Ist das nicht absurd? Kein anderer Gott hat sich je so verwundbar gemacht.

Ich habe so meine Probleme mit der Vorstellung von einem sanftmütigen, gnädigen Gott, der durch seine opferbereite Liebe den Sieg davonträgt. Ich bin von klein auf zu sehr daran gewöhnt, dass sich Macht durch Stärke zeigt.

Aber dieser Gott beugt sich tief herab. Er kommt uns nah. Er streckt sich nach uns aus und berührt uns. Dieser Gott ist demütig. Er ist hungrig. Traurig. Er hat sich selbst gegenüber seiner eigenen Schöpfung verwundbar gemacht!

Die Frage ist, warum? Weil es ihm um *Vertrautheit* geht. Und Vertrautheit erreicht man nur, indem man ganz nah kommt und Schmerz, Verletzungen und Ablehnung riskiert.

C. S. Lewis schrieb:

*Lieben heißt verletzlich sein. Liebe irgendetwas, und es wird dir bestimmt zu Herzen gehen oder gar das Herz brechen. Wenn du ganz sicher sein willst, dass deinem Herzen nichts zustößt, dann darfst du es nie verschenken, nicht einmal an ein Tier. Umgib es sorgfältig mit Hobbys und kleinen Genüssen; meide alle Verwicklungen; verschließ es sicher im Schrein oder Sarg deiner Selbstsucht. Aber in diesem Schrein – sicher, dunkel, reglos, luftlos – verändert es sich. Es bricht nicht; es wird unzerbrechlich, undurchdringlich, unerlösbar.*[7]

Durch die ganze Bibel hindurch sehen wir, wie Gott sich selbst aufs Spiel setzt, um an sein Ziel zu kommen. Angefangen beim Ruf nach Adam und dem Schmerz im Garten Eden bis hin zur Kreuzigung von Jesus.

Als Gott sieht, dass Kain seinen Bruder umgebracht hat, fragt er: „Was hast du getan?"

In Ägypten versteht er das Verbrechen an den Hebräern als ein Verbrechen an sich selbst. Als Israel dem Aufruf der Propheten nicht folgt und schließlich zerstört wird, fragt Gott sich, wie lange es wohl dauern wird, bis seine Kinder verstehen, dass er nur sie selbst will und nicht ihre halbherzigen Opfer. Er will sie ganz. Ihre Herzen. Ohne ihre Masken.

Als Jesus davon spricht, wie sehr er sich danach gesehnt hat, sein Volk zu versammeln, wie eine Henne ihre Küken unter ihren Flügeln versammelt, aber die Israeliten hätten nicht gewollt, da hallt Gottes Schmerz in seinen Worten wider. Und in der Bibel heißt es, dass er über Jerusalem weint, weil die Stadt nicht weiß, was ihr Frieden bringt.

Es ist, als sehnte sich Gott nach *echad*, aber seine Kinder waren noch nicht bereit dazu.

Das Wort *echad* wird zum ersten Mal bei der Beschreibung des Garten Eden erwähnt. Dort heißt es, wenn ein Mann und eine Frau zusammenkommen, dann werden sie *echad*, „eins". Aber dieses Wort ist viel bedeutungstiefer als nur „ein Fleisch". Wörtlich kann es bedeuten, im tiefsten Inneren unseres Seins zu verschmelzen. Zwei werden eins, fest zusammengefügt, völlig ineinander verwoben.

Ich erinnere mich noch an eine der schwierigsten Unterredungen, die Alyssa und ich je hatten. Wir hatten gerade wieder angefangen, uns zu treffen, und saßen nach einem wunderbaren Abend im Auto. Wir waren uns bewusst, dass wir vielleicht heiraten würden, und deshalb hatte ich das Gefühl, dass ich ihr einiges aus meiner Vergangenheit erzählen musste. Dinge, die sie betreffen würden, wenn wir heirateten.

Ich war ungeheuer nervös und hatte schreckliche Angst, abgelehnt oder verletzt zu werden. Aber mir war klar, dass ich mich verwundbar machen musste, wenn die Vertrautheit zwischen uns sich vertiefen sollte. Wenn unsere spätere Ehe einmal so werden sollte, wie sie gedacht war – zwei Menschen, die in Geist, Körper und Seele eins werden –, musste ich ehrlich sein.

Ich erinnere mich noch daran, dass ich ihr viel erzählte, vor allem ein paar Einzelheiten, die meine Erfahrungen mit der Sexualität betrafen. Als Teenager hatte ich Pornografie, Partys und Mädchen regelrecht verehrt. Und ich sage „Verehrung", weil ich darüber meinen Selbstwert definierte und weil diese Dinge meinem Leben Sinn geben sollten. Ich lebte nur dafür (genau das ist ja mit Verehrung oder Anbetung gemeint).

Ich musste mich bei Alyssa entschuldigen und sie um Vergebung bitten für Dinge, die ich getan hatte, lange bevor ich sie kennengelernt hatte, wenn ich *echad* erleben wollte – eine tiefe

Vertrautheit. Und weil diese tiefe Vertrautheit so schön ist und so viel Macht besitzt, hatte Gott *echad* so erschaffen, dass es am besten zwischen einem Mann und einer Frau funktionierte, wenn sie für ihr ganzes Leben zusammenkamen und gewissermaßen für immer miteinander verschmolzen.

Ich brauchte Vergebung, weil ich dieses *echad* verletzt hatte. Ich hatte das Einssein verletzt. Ich hatte die Vertrautheit verletzt. Und wenn ich das nicht ehrlich zugab, gäbe es da einen kleinen Teil meines Lebens oder meines Herzens, den Alyssa nicht kennen würde, und das würde die tiefe Vertrautheit verhindern.

Aber in diesem Augenblick geschah etwas ganz Besonderes. Weil sie selbst bei Jesus Gnade und Vergebung gefunden hatte, konnte Alyssa auch mir vergeben. Sie wusste nun, wer ich war und bin und wollte den Weg trotzdem mit mir gehen. Ich erinnere mich noch an ihre sanfte Stimme, als sie mir Vergebung zusprach.

In diesem Augenblick war ich bloßgestellt und wurde *erkannt*, aber weil Alyssa mir mit Gnade begegnete, wurde ich im gleichen Augenblick auch *geliebt*. Und hier fängt Vertrautheit an – wenn wir völlig gekannt werden und auch völlig geliebt sind.

Wenn man uns zwar ganz liebt, aber nicht wirklich kennt, kann es immer passieren, dass wir der alten Lüge Glauben schenken: „Wenn der oder die wüsste, wer ich wirklich bin, würde er/sie mich nicht mehr wollen." Und wenn man uns durch und durch kennt, aber nicht völlig liebt, bleibt da dieses stechende, schmerzhafte Gefühl der Ablehnung zurück.

Aber wenn man uns durch und durch kennt und gleichzeitig auch durch und durch liebt, entsteht Vertrautheit.

Ich will hier keinen falschen Eindruck erwecken. Vertrautheit ist in mancherlei Hinsicht sicher auch romantisch, aber im tiefsten Kern ist sie noch viel mehr als das. Man kann sie nämlich nicht nur mit dem Ehepartner oder geliebten Menschen erleben, sondern auch bei Freunden oder in der Familie.

## Die Angst, einander zu sehen, wie wir wirklich sind

Ich liebe New York City. Vielleicht liegt es daran, dass mein Gehirn immer am Rotieren ist und Manhattan einer der ganz wenigen Orte ist, wo mir das normal vorkommt. Oder vielleicht liegt es auch daran, dass ich ein riesiger Fan der *New York Yankees* bin.

Die U-Bahn ist allerdings ein sehr seltsamer Ort. Dort kommen wir anderen Menschen unglaublich nah. Als ich neulich mit der U-Bahn gefahren bin, habe ich einmal kurz von meinem Handy aufgesehen und gemerkt, dass so ziemlich jeder – und damit meine ich tatsächlich jede einzelne Person in der U-Bahn – entweder nach unten auf sein Handy schaute oder Kopfhörer aufhatte und mit abwesendem Blick geradeaus starrte und Musik hörte. Ich hörte keine einzige Unterhaltung zwischen Fremden, obwohl Dutzende Menschen im Waggon standen.

Wir waren alle gleichzeitig an diesem Ort und doch waren wir alle in unserer eigenen Welt.

Wir waren zusammen, aber allein.

Ein U-Bahn-Waggon ist auf Kontakt ausgelegt. Die Sitze an den Fenstern und die Griffe zum Festhalten für die, die stehen, sind so angeordnet, dass es extrem schwierig ist, andere nicht anzuschauen oder sogar direkt neben ihnen zu sitzen oder zu stehen.

Alles ist sehr intim. Aber wir haben Angst vor dieser Nähe und ziehen uns in unsere eigene Welt zurück. Alle sind da, aber niemand ist anwesend.

In meiner Generation werden viele beinahe körperlich krank oder haben Angst, wenn sie sich in einer solchen Situation befinden und keine Möglichkeit haben, ihr Handy herauszuholen. Wir bemühen uns, beschäftigt zu wirken, ziehen uns zurück, vermeiden Blickkontakt, zwischenmenschliche Interaktion und Nähe. (Der gängige Begriff, den wir für dieses Szenario benutzen, ist „peinlich", und Gott bewahre, wenn wir irgendetwas tun müssen, bei dem wir auch nur das geringste Risiko einer Beziehung eingehen müssen und das peinlich werden könnte.)

Mit unseren Handys können wir die Welt kontrollieren, in der wir leben. Mit unseren Handys können wir bestimmen, welches Bild man von uns hat. Mit unseren Handys können wir der Mittelpunkt unseres sozialen Universums sein. Mit unseren Handys können wir uns *wichtigmachen*.

Haben unsere Telefone – mit denen Alexander Graham Bell die soziale Vernetzung verbessern wollte – gehalten, was sie versprachen? Was ist mit den „sozialen" Medien? Mit Textnachrichten? Dem Internet überhaupt? Sie versprachen uns, dass wir besser miteinander verbunden sind, und doch fühlen wir uns nur noch einsamer.

Sie versprachen, uns zu helfen, in Kontakt zu bleiben, aber wir senken den Maßstab für „Kontakt halten" immer weiter. Inzwischen behaupten einige schon, dass man in Kontakt bleibt, wenn man die Facebookseite eines Menschen besucht. Jemanden einfach anzurufen gilt als Störung oder ist zu persönlich.

Ich kann mich nicht an eine Zeit ohne Internet erinnern. Ich habe in der Unterstufe angefangen, SMS zu schreiben, und MySpace war wirklich „in", als ich in die Mittelstufe kam. Die Technik verändert unser Denken, unseren Umgang miteinander und unsere Art zu lieben.

So habe ich schon viel zu oft telefoniert und das Telefon dabei auf Lautsprecher gestellt, damit ich nebenher twittern, E-Mails lesen und „Dinge erledigen“ konnte. Die Vernetzung macht uns immer effektiver, aber gleichzeitig sind wir immer weniger miteinander verbunden. Beziehungen sind nämlich nicht effektiv, sie sind chaotisch, zeitraubend und unvorhersehbar.

Durch die Vernetzung und unsere völlige Unfähigkeit, Beziehungen und Vertrautheit aufrechtzuerhalten, sind wir alle krank vor Sehnsucht nach Liebe, haben ein Defizit an Nähe und sind in puncto Beziehungen absolut pleite. Aber niemand erkennt das, denn wir sind alle so. Erst wenn jemand „gesund“ ist, merken die Menschen vielleicht, dass ihr Kranksein nicht normal ist.

Eine weitverbreitete Nebenwirkung dieser emotionalen Leere ist außerdem, dass man versucht, sich die Sicherheit und den Frieden, den man nicht hat, bei irgendjemand oder irgendetwas anderem zu holen. Man fängt schnell an, Menschen nur noch unter dem Aspekt zu sehen, was man von ihnen bekommt, statt zu überlegen, was man ihnen geben oder für sie tun kann.

Ich denke da an Israel und Ägypten. Der Pharao war ein harter Diktator, der den Wert der Menschen nach ihrer Arbeitskraft beurteilte. Sie mussten eine bestimmte Anzahl Ziegel herstellen oder eine bestimmte Menge Getreide abliefern, sonst wurden sie ausgepeitscht oder vielleicht sogar getötet. Ihr Wert hing davon ab, wie viele Ziegel sie herstellen konnten.

So macht man aus menschlichen Wesen, die das Ebenbild Gottes sind, Gegenstände oder Waren.

Wo machen wir das sonst noch? Hier bei uns im Westen ist diese Vorstellung eigentlich ziemlich gängig. Wir erpressen und nutzen die Entwicklungsländer wegen ihrer Ressourcen aus, und geben ihnen dafür nur ein paar Euro oder Dollar. Es geht immer nur darum, mit möglichst wenig Geldeinsatz möglichst viel aus einer Sache herauszuholen. Jede Investition muss irgendeinen Gewinn bringen. Es geht nur um den Reingewinn. Und dieser Lebensstil hat auch auf unsere Beziehungen abgefärbt.

Aber sobald wir einen Menschen, der ein Ebenbild Gottes ist, zu einer Ware machen, die wir gebrauchen, tauschen oder zu unserem Gewinn nutzen können, ist das Sünde.

Deshalb war die Thora für viele so anstößig. Als Gott die Israeliten aus Ägypten herausrief, verwandelte er ihre vermeintliche Identität als Ware (du bist nur so gut wie das, was du tust) in ihre wahre Identität als Ebenbilder Gottes (du bist gut, weil du *bist*). Viele der Gesetze, die Gott den Israeliten in der Wüste gab, sollten ihre Weltanschauung auf den Kopf stellen und ein klares Nein sein: Menschen sind deine Nächsten, damit du sie liebst, nicht um sie wie Waren zu benutzen. Selbst der Sabbat ist ein Zeichen für dieses Anderssein.

In seinem Buch *Sabbath as Resistance* schreibt Walter Brueggemann über den Sabbat als den Tag, an dem Israel dem Geist Ägyptens entgegentrat. Der Sabbat ist ein Tag, an dem wir uns behaupten und erklären, dass wir nicht jede Minute des Tages auf Hochtouren laufen müssen. Es ist ein Tag, um auszuruhen und sich mit unserem Mitmenschen zu beschäftigen, ihn zu lieben, ihm zu dienen und uns nicht dazu hinreißen zu lassen, ihn als Ware zu sehen.

Das Fehlen des Sabbats beeinträchtigt unsere Fähigkeit, wirklich sinnvolle zwischenmenschliche Beziehungen zu pflegen.[8] Unser ständiges Vernetztsein bewirkt übrigens das Gleiche – oder zumindest macht es uns blind dafür, wie wichtig und erstaunlich zwischenmenschliche Beziehungen wirklich sind. Unsere Augen sind blind für die Herrlichkeit des menschlichen Daseins.

Da ist zum Beispiel die faszinierende und extrem seltsame Geschichte des Einsiedlers von North Pond in Maine. Die Menschen in dieser Gegend erzählten sich seit 1986 immer wieder seltsame Geschichten darüber, dass ihnen Haushaltsgegenstände abhandenkamen. Beinahe 30 Jahre lang gab es dort immer wieder Vorfälle, bei denen Menschen von der Arbeit oder aus dem Urlaub nach Hause kamen oder morgens aufwachten und feststellten, dass etwas fehlte. Weil es sich um ganz alltägliche Gegenstände handelte – Konservendosen, Gasflaschen, Schraubenzieher, Planen und so weiter –, bemerkten manche das Fehlen der Gegenstände erst nach Tagen oder Wochen.

Als schließlich die Wahrheit ans Licht kam, wurde der Einsiedler von North Pond zur Legende. War es nur einer? Warum waren es immer nur alltägliche Gebrauchsgegenstände? Warum verschwand nie Schmuck? Dachten sich die Menschen das alles nur aus?

Der Einsiedler von North Pond war Christopher Knight. Er hatte 1986 eines Tages beschlossen, ohne jeglichen menschlichen Kontakt im Wald zu leben. Niemand wusste genau, warum, aber von diesem Tag an hatte er keinen menschlichen Kontakt mehr, bis er 2013 verhaftet wurde.[9] Er hatte kein einziges Mal telefoniert, Geld ausgegeben, ein Auto gefahren, eine E-Mail geschrieben oder im Internet gesurft. Er lebte völlig isoliert.

Das ist eine faszinierende Geschichte, die es wert ist, gelesen zu werden. Aber in dem Interview, das er nach seiner Festnahme gegeben hatte, erregte eine Sache meine Aufmerksamkeit ganz besonders: Der Reporter machte eine Bemerkung zu dem „ungeschickten" zwischenmenschlichen Verhalten und der Unfähigkeit des Mannes, Kontakte zu knüpfen. Knight erklärte dies dem Reporter so: „Ich bin es nicht gewohnt, die Gesichter der Menschen zu sehen. Da stecken zu viele Informationen drin. Fällt Ihnen das nicht auf? Zu viel und zu schnell."

Als er in die menschliche Welt zurückgeschleudert wurde, war das zu viel für ihn. Es überwältigte ihn. Er konnte den Anblick dieser Herrlichkeit nicht ertragen.

Auch wenn Chris wegen seines Mangels an zwischenmenschlichen Beziehungen zerbrach, so ist seine Reaktion darauf doch sehr lehrreich. Sie sagt uns, dass wir die Bedeutung von etwas erst erkennen, wenn es nicht mehr da ist. Als die zwischenmenschlichen Beziehungen für so lange Zeit weg waren und dann wieder zurückkamen, verkraftete er das nicht. Es war zu viel. Zu überwältigend. Zu viel Herrlichkeit in seinem Gegenüber. Das war er nicht gewohnt. Er wirkte zerbrochen und gequält – fast so, als sei sein Menschsein in den Wäldern im Laufe der Zeit geschrumpft und zerfallen.

Glaubst du, dass wir so überwältigend sein können? Dass man in unseren Augen die Herrlichkeit sieht? Dass der Körper jedes lebenden, atmenden Menschen eine Geschichte erzählt? Dass zwischenmenschliche Beziehungen einen Wert haben? Es liegt eine Vertrautheit im Blickkontakt, in einer Umarmung, in körperlicher Nähe oder auch in einer offenen Unterhaltung. Das verlieren wir, weil wir der virtuellen Welt den Vorrang geben.

Als in der Bibel zum ersten Mal von Gott die Rede ist, geschieht das im Plural. Als wir erschaffen und von den Händen des Schöpfers selbst geformt wurden, heißt es: „Lasst *uns* Menschen machen nach *unserem* Bild." Das ist seltsam, weil die Bibel immer wieder betont, dass Gott *ein* Gott ist. (Das *Schma Jisrael* im täglichen jüdischen Gebet umfasst diesen zentralen Gedanken: „Höre Israel, der Herr dein Gott ist ein Gott.") Der Monotheismus war in der Tat skandalös und ist es immer noch.

Aber das Wesen Gottes hat auch einen gemeinschaftlichen Aspekt: drei Personen, aber ein Gott. Es ist, als sei es ein ewig währender Tanz zwischen dem Vater, dem Sohn und dem Heiligen Geist. Der Rhythmus von dienen und opferbereiter Liebe klingt ewig, und aus dieser Liebe und Gemeinschaft heraus wurden wir erschaffen.

Und so lautet die wunderbare Wahrheit, dass wir *für* die Gemeinschaft erschaffen wurden, weil wir *von* einer Gemeinschaft erschaffen wurden. Wenn wir als Gottes Ebenbilder erschaffen wurden und Gott ein Beziehungswesen ist, dann bedeutet das, dass wir unser Menschsein ablehnen, wenn wir isoliert und nur für uns leben. Das ist die Grundlage dessen, was es heißt, Mensch zu sein. Das ist Vertrautheit.

KAPITEL 4

# DU BIST anders, als du denkst

Du bist eine Person aus der Zukunft

**Einer meiner ganz großen Lieblingsfilme ist „Zurück in die Zukunft".** Die DVD kam heraus, als ich auf der Highschool war, und ich bekam alle drei Filme als Special Edition zu Weihnachten. Einmal habe ich mich an Halloween sogar als Marty McFly verkleidet. Wenn ich im Winter jemanden mit einer wattierten Weste sehe, dann frage ich gleich: „Na, warum trägst du denn 'ne Rettungsweste?" Wenn der Betreffende den Witz versteht und lacht, weiß ich, dass wir Freunde werden können. Wenn er mich komisch anschaut, weiß ich, dass er zu den armen Menschen gehört, die den Film nie gesehen haben.

Einer der Grundgedanken des Films (und eigentlich der Grundgedanke jedes Films über Zeitreisen) ist, dass Marty immer hervorsticht, wenn er in die Vergangenheit reist. Er weiß Dinge, hat Dinge gesehen und verhält sich anders, weil er aus der Zukunft kommt. Im ersten Teil gibt es einige Szenen, wo andere ihn für merkwürdig halten, weil er sehr seltsame Entscheidungen trifft und seine Mitschüler nicht wissen, wie er auf diese haarsträubenden Ideen kommt.

Menschen, die Jesus nachfolgen, sind für mich so ähnlich.

Wenn du 2 000 Jahre zurückgehen würdest – in die Zeit, als Jesus auf der Erde lebte –, dann würdest du feststellen, dass die meisten Juden an die Auferstehung glaubten. Sie glaubten, dass am Ende der Zeit, wenn Gott die Welt in Ordnung bringt, die Gerechten auferstehen und gerecht gesprochen würden. Doch es kam ganz anders: Jesus hat genau das schon mitten *in* der Geschichte erreicht, nicht erst an ihrem Ende. Gott hat für Jesus das in der Gegenwart getan, wovon die Juden glaubten, er würde es am Ende für alle tun.

Durch die Auferstehung ist Jesus gewissermaßen ein Mensch aus der Zukunft geworden. Er hat sein Lasso um Gottes Verheißung für die Zukunft geworfen und sie in das Hier und Jetzt gezogen. Er hat uns eine neue Welt gebracht, eine neue Lebensweise, einen Körper, der nicht zerfällt, der voller Schönheit und Herrlichkeit ist. Und dann hat er seine Jünger beauftragt, diese neue Welt, diese neue Art zu leben zu entdecken und für sich in Anspruch zu nehmen – die verheißene Zukunft gewissermaßen in die Gegenwart hineinzubringen. Und so sollte Christsein aussehen.

Bei unserer Identität – dem, wer wir sind – geht es hauptsächlich darum, so zu leben, als sei die zukünftige Wiederherstellung schon geschehen. Es geht darum, sich vorzustellen, wie es sein wird, wenn Himmel und Erde vollständig vereint sind, und das dann festzuhalten. Jesus ist schon auferstanden, und diese Auferstehungskraft steckt in allen, die Jesus vertrauen.

Gott beruft uns dazu, unser zukünftiges Wesen hier in der Gegenwart auszuleben, und durch seinen Geist gibt er uns die Kraft dazu. Eines meiner Lieblingszitate ist: „Ostern ist das, was geschah, als die Hoffnung in Gestalt von Jesus die ganze Welt überraschte und aus der Zukunft in die Gegenwart kam.“[1] Manche von euch denken jetzt vielleicht, dass das ein bisschen schräg ist, aber das erleben wir in unserer Welt andauernd. So bezeichnen wir zum Beispiel ein neu gewähltes Staatsoberhaupt *nach* der

Wahl, aber *vor* der Amtseinführung als den zukünftigen Präsidenten. Und der Betreffende darf jetzt schon in Anspruch nehmen, was erst in der Zukunft sein wird. Er bekommt Leibwächter und der Kongress bewilligt ihm Millionen Dollar, noch bevor er das Amt offiziell übernimmt.

Das Gleiche machen wir mit Königen. Im Alten Testament wurde David schon lange, bevor er den Thron bestieg, zum König gesalbt. Aber von dem Augenblick an, als er gesalbt wurde, war er dazu berufen, als Gottes Gesalbter zu leben. Er war berufen, die Zukunft in die Gegenwart zu ziehen.

Jetzt stellt sich natürlich die Frage, wann das anfängt. Oder anders ausgedrückt: Wo ist der DeLorean?

Bei Jesus nahm das Ganze mit seiner Auferstehung seinen Anfang, aber wir betreten die Zukunft, wenn wir Gottes Rettungsangebot annehmen und getauft werden.

Die Taufe ist eine mysteriöse und wunderbare Handlung, in der wir die Zukunft betreten und verkünden, dass wir uns mit Jesus und seinem Tod und seiner Auferstehung identifizieren. Wir nehmen das für uns in Anspruch, was Gott über uns sagt.

Jesu eigene Taufe erinnert an die über Generationen hinweg weitergegebenen Berichte vom Auszug aus Ägypten, als die Israeliten das Land verließen, ihr Vertrauen auf Gott setzten und ihre Zukunft betraten – das verheißene Land. Der Auszug aus Ägypten war wohl die beliebteste Erzählung im gesamten jüdischen Glauben. Er wird heute noch gefeiert als das Ereignis, bei dem Gott sein Volk aus der Sklaverei befreit hat. Das Volk Israel hat eine ganz eigene Taufe erlebt, als es durch das Rote Meer zog. Das Böse wurde im Wasser zurückgelassen, und sie wurden als Gottes Erstgeborene, als sein Sohn, bezeichnet. Nach seiner Taufe geht Jesus in die Wüste – als personifiziere er das Volk Israel.

Natürlich hatte es Jesus nicht nötig, sich taufen zu lassen. Er war rein. Er war Gott. Er war fehlerlos. Aber statt sich zurückzulehnen und mit dem Finger auf sein Volk zu zeigen, begibt er sich mitten unter sie und identifiziert sich mit ihnen. Er geht ins Wasser und sagt damit: „Ich bin für euch und bei euch."

Und dann passiert etwas ganz Verrücktes. Er hört die Stimme seines Vaters wie einen Donner aus dem Himmel: „Du bist mein geliebter Sohn, der meine ganze Freude ist."[2] Der Vater spricht Jesus seine Identität zu.

Denk daran, dass das erst der *Anfang* von Jesu Dienst war. Er hatte noch gar nichts getan. Hatte niemanden geheilt. Keine Predigt gehalten. War noch nicht am Kreuz gestorben. Von den Toten auferstanden. Die Stimme, die Bestätigung kam *zuerst*.

Oft reißen wir uns für eine Sache ein Bein aus und hoffen dann, dass uns hinterher eine Stimme Anerkennung und Liebe zuspricht. Zumindest war es bei mir immer so. Ich versuchte, gut im Baseball zu sein, damit meine Freunde und mein Trainer mir sagten, wie toll ich war. Ich versuchte, gute Noten zu bekommen, damit ich Anerkennung bekam. Ich versuchte, so religiös zu sein, wie ich nur konnte, damit andere dachten, ich sei ein guter Mensch.

Wir hoffen alle, am Ende des Weges zu hören, dass wir Gottes geliebte Kinder sind, aber Gott ruft es uns schon am Anfang mit lauter Stimme zu. Wir steigen in das Hamsterrad des Lebens und hoffen, ein „Gut gemacht, mein geliebtes Kind" zu hören, wenn die Uhr abgelaufen ist. Dabei sagt Gott das schon zu uns, *bevor* wir in das Hamsterrad steigen. Wenn wir uns dessen bewusst sind, wird unsere Lebensreise ganz anders aussehen.

Warum tust du das, was du tust? Warum stehst du auf? Warum arbeitest du? Warum spielst du in einer Mannschaft? Warum strengst du dich in der Schule so an? Tust du es, damit der Vater dir sagt, dass er dich liebt, oder steckst du deine ganze Energie in dein Leben, weil du *weißt*, dass er dich schon liebt? Wenn du in dem Bewusstsein lebst, dass er dich jetzt schon liebt, lebst du freier, weil du weißt, dass du Gottes Liebe nicht verspielt hast, wenn du einmal versagst. Versagen ist bloß eine Gelegenheit, um daraus zu lernen und wieder aufzustehen.

Zurück zu Matthäus' Version der Taufe Jesu. Gott sagt, dass Jesus ein Sohn ist, ein Kind. Er ist der *geliebte* Sohn. Der Ausdruck „geliebter Sohn" deutet eine ganz besondere Zuneigung an oder dass Jesus einen besonderen Platz in Gottes Herz hat. Aber das Wunderbare daran ist: Wenn wir Jesus vertrauen, bekommen wir das, was auch er hatte. Wenn wir getauft werden, betreten wir die Zukunft. Eine Zukunft, in der wir geliebt werden, schon jetzt geliebt werden. Du bist schon jetzt Gottes geliebtes Kind.

Und Gott besprengt uns nicht ein bisschen mit seiner Liebe, er taucht uns förmlich hinein. *Mein geliebtes Kind, mein geliebtes Kind, mein geliebtes Kind, du bist meine ganze Freude.*

Hörst du, wie Gottes Herz für dich schlägt? Hast du schon einmal seine Stimme gehört?

Das Verrückte am Wasser ist, dass es durch jede Ritze dringt. Es bewegt sich, verändert seine Form, überflutet und durchdringt auch die kleinste Spalte. So ist auch Gottes Liebe. Wo immer sie auch nur das leiseste Anzeichen dafür entdeckt, dass jemand sein Leben loslässt und sich für Gott öffnet, wo sie auch nur den kleinsten Riss in unserem Streben nach Unabhängigkeit entdeckt, da strömt die heilende Liebe des Vaters herein.

Mir gefällt, wie Jonathan Martin das in seinem Buch *Prototype* ausdrückt: Das Skandalöse an Jesus und seiner Taufe ist, dass Jesus Gott *glaubte*, als dieser verkündete, dass er Freude an ihm hatte und er sein geliebter Sohn war. Er schreibt weiter: „Und er hat es nie wieder vergessen … anders als alle anderen in der Geschichte der Menschheit.“[3]

Nachdem wir entdeckt haben, dass wir geliebt sind, kommt manchmal eine Zeit, in der Gott uns das regelrecht ins Gedächtnis einbrennen möchte. Damit es sich uns einprägt. Damit es Wirklichkeit wird. Wenn Jesus von seiner Taufe direkt in den Dienst gegangen wäre, wenn er direkt angefangen hätte zu predigen und heilen oder wenn er geradewegs ans Kreuz gegangen wäre, dann wäre Gottes Stimme vielleicht übertönt worden. Lärm ist mächtig und der Lärm des Lebens kann Gottes leises Liebesflüstern manchmal zum Schweigen bringen. Aber dann passierte etwas ganz Verrücktes. Als Jesus in die Wüste ging, waren seine Haare noch nass von der Taufe. Er ging ins Unbekannte. An einen Ort, an dem das Chaos herrschte. An den Ort, an dem Israel jahrzehntelang herumgewandert war. Wo sie versagt hatten. Wo Menschen gestorben waren.

Ein Ort der Stille. Dort wird die Zukunft in die Gegenwart gezogen.

An unserem zweiten Hochzeitstag hat Alyssa mir einen ganz lieben, langen Brief geschrieben, um mich zu ermutigen. Aber eines ist mir dabei ganz besonders aufgefallen: Sie fing damit an, dass sie die Zukunft in mein jetziges Leben hineinsprach. Sie ermutigte mich, indem sie mich als beständig, gütig, liebevoll und demütig bezeichnete.

Das Witzige daran ist, dass ich nicht glaube, dass ich wirklich so bin. Ich versuche es, aber ich versage oft dabei.

Jeder, der schon mal von einem geliebten Menschen ermutigt wurde, weiß, dass nichts uns so mit Kraft, Selbstvertrauen und Frieden erfüllt, wie wenn jemand uns so ermutigt.

Als ich Alyssas Brief las, kam ich mir vor wie ein Superheld. Bin ich wirklich so? Vielleicht manchmal ansatzweise, aber ganz sicher nicht immer. Doch das Wichtige daran ist, dass Alyssa glaubt, dass ich so bin und so sein kann. Das alles hat etwas zutiefst Mysteriöses, denn weißt du, was passiert, wenn sie diese Dinge über mich sagt und mich immer wieder daran erinnert und ermutigt? Ich werde tatsächlich so! Es ist, als würde sie die Zukunft in mein jetziges Leben hineinsprechen.

Wenn ein geliebter Mensch schon so viel Leben oder so eine Zukunft in uns hineinsprechen kann, wie viel mehr Kraft hat es dann, wenn es der Schöpfer des ganzen Universums selbst tut? Er spricht Dinge über uns aus, er freut sich an uns, und wenn wir zu Jesus gehören, dann sagt er uns, dass unsere Zukunft schon jetzt, in diesem Augenblick, wahr wird.

Wenn du das wirklich glaubst und wenn du wirklich entsprechend lebst, dann kann dich nichts mehr verletzen oder aufhalten. Ich weiß, dass das auf dem Papier gut klingt, aber glaubst du das? Hast du diese Stimme schon einmal gehört? Richtest du dein Ohr auf Jesus und hörst du auf sein Reden?

## Nach dem greifen, was wir schon haben

Ich war noch nie einer von denen, die vor einem Geschäft campieren, nur um gleich frühmorgens zu Beginn der Weihnachtssaison ein Sonderangebot zu ergattern. Aber da wir eine Woche nach Eröffnung der Weihnachtssaison heiraten wollten, hofften wir, ein super Angebot für einen Fernseher zu ergattern, den wir in unsere erste gemeinsame Wohnung stellen wollten. Der Laden öffnete um Mitternacht, und so stellten wir uns spätabends in die Schlange, die schon einen ganzen Häuserblock lang war.

Es zeigte sich, dass es richtig Spaß machte, mit Alyssa und Susie, meiner zukünftigen Schwiegermutter, in der Schlange zu stehen. Wir unterhielten uns und genossen die Zeit, und ehrlich gesagt wären wir auch nicht allzu enttäuscht gewesen, wenn wir den Fernseher nicht bekommen hätten.

Als es Mitternacht war und sie die Leute hereinließen, stellten wir fest, dass wir wahrscheinlich die Einzigen mit dieser lockeren Einstellung waren. Die anderen verhielten sich, als stünde der Weltuntergang kurz bevor und sie versuchten, noch die letzten Essensrationen oder Ähnliches zu ergattern. Und dabei ging es hier um Fernseher, Computerspiele, Toaster und anderen Krempel, der in fünf oder zehn Jahren oder auch früher auf irgendeinem Flohmarkt landen würde.

Es war das reinste Chaos – die Menschen schrien, brüllten und rannten wild drauflos. Sie rannten auf Dinge zu, von denen sie offenbar glaubten, dass sie sie *unbedingt* brauchten. Es war, als sei das Gesetz in diesem Augenblick völlig außer Kraft getreten. Wirklich, ich übertreibe nicht. Es wurden schon Menschen erschossen, mit Pfefferspray angegriffen und zu Tode getrampelt, bloß weil jemand bei Elektronikgeräten ein paar Dollar sparen wollte.

Das ist ein interessanter Vergleich dafür, wie es uns manchmal mit unserer Identität ergeht. Wenn wir glauben, dass wir etwas nicht haben, das wir aber unbedingt brauchen, dann greifen wir unweigerlich danach und klammern uns daran, als ginge es um unser Leben. Als Adam und Eva beschlossen, ohne Gott zu leben, griffen sie nach der Frucht.

Ihre Sünde im Garten Eden führte dazu, dass sie aus dem Paradies verbannt und in die Wüste geschickt wurden. Als die Israeliten beschlossen, einen Götzen anzubeten, weil Mose so lange wegblieb, griffen sie nach der Sicherheit eines anderen Gottes. Angst hielt sie davon ab, das Verheißene Land einzunehmen, und sie zogen noch eine ganze Generation lang durch die Wüste.

Aber Jesus ging freiwillig in die Wüste, obwohl er wusste, dass auch er auf die Probe gestellt werden würde. Zunächst einmal fällt auf, dass alle Versuchungen, die Satan Jesus anbot, damit zu tun hatten, dass er seine (und Gottes) Identität beweisen sollte: „Wenn du Gottes Sohn bist, dann mach aus diesen Steinen Brot! … Spring hinunter! […] Du bist doch Gottes Sohn!“[4]

Erkennst du, welche Kraftprobe hier stattfand? Satan sagte: *Wenn* du der Sohn Gottes bist, dann tu das. Er wollte Jesus in Versuchung bringen, nach etwas zu greifen. Aber Jesus antwortete: *Weil* ich der Sohn Gottes bin, muss ich diese Dinge nicht tun.

Satan will, dass Jesus sich beweist.

Jesus antwortet ihm, dass er das nicht muss, weil er schon weiß, wer er ist.

Du musst nicht nach etwas grapschen, das du schon hast.

Satan führte Jesus zuerst mit körperlichem Verlangen in Versuchung. Er war in der Wüste und stand wahrscheinlich kurz davor, vor Hunger und Dehydrierung zusammenzubrechen, und Satan wusste, dass er die Macht hatte, Steine in Brot zu verwandeln. Aber Jesus tat es nicht, weil er wusste, dass sein Vater für ihn sorgen würde. Er musste nicht nach dem Brot greifen, solange sein Vater derjenige war, der ihm Kraft gab.

Dann wollte Satan ihn dazu verführen, Gott auf die Probe zu stellen. Überleg mal, wie oft wir Gott schon auf die Probe gestellt haben. Aber auch hier hatte Jesus es nicht nötig, dass Gott ihm seine Liebe bewies, denn der Vater hatte ihn erst vor wenigen Wochen seinen „geliebten Sohn“ genannt.

Und bei der letzten Versuchung ging es um Macht. Jesus könnte alles haben, er musste nur eines tun: Satan anbeten. Aber Jesus wusste, dass er schon alles hatte und dass Gott der Einzige war, der Anbetung verdient hatte.

Nur wenn wir Jesus nachfolgen als dem, der ganz Mensch war, und als dem, der rechtmäßig in seiner Identität lebte, können auch wir das leben, was wir wirklich sind. Wenn wir nicht in den Fußstapfen Jesu gehen, neigen wir automatisch dazu, zuzugreifen, zuzupacken und unsere Identität an anderen Dingen festzumachen. Wir suchen alle nach Sicherheit und merken nicht, dass wir sie durch Jesus schon haben.

Wenn wir aber begreifen, dass wir alles, was wir brauchen, schon haben, weil wir zu Jesus gehören, müssen wir nicht mehr nach Dingen greifen, sondern können in unserer Identität „ruhen". Ruhen. Es gibt einen guten Grund, weshalb es Mensch*sein* heißt und nicht Mensch*tun*. Wir ruhen und wir sind. Von dem Augenblick an, wo wir ihm nachfolgen, ruhen wir in dem, was Jesus für uns wahrgemacht hat.

## AUF WELCHE STIMMEN HÖRST DU?

Die Sicherheit, die wir haben, weil wir zu Jesus gehören, nützt uns nichts, wenn wir nicht darauf vertrauen. Das ist wie bei einer Rettungsweste: Sie nützt nur etwas, wenn wir sie anziehen.

Eine Möglichkeit, wie wir in unserer Identität ruhen können, ist, auf die richtigen Stimmen zu hören. Denn die unterschiedlichsten Stimmen kämpfen um unsere Aufmerksamkeit. Worauf hörst du? Oder auf wen hörst du?

Im 1. Jahrhundert wurde in jüdischen Dörfern die sogenannte Kezazah-Zeremonie abgehalten (wörtlich: abschneiden), wenn jemand eine nichtjüdische Frau heiratete oder ein Familiengrundstück an einen Nichtjuden verkaufte. Wenn die Dorfältesten sahen, dass der Betreffende versuchte, ins Dorf zu kommen, packten sie ihn, brachten ihn auf den Dorfplatz und zerbrachen zu seinen Füßen ein Gefäß (meist mit Getreide gefüllt). Das Gefäß stand symbolisch für die Beziehung zwischen dem Betreffenden und der Dorfgemeinschaft. Sie war zerbrochen und konnte nie wiederhergestellt werden. Er war aus der Gemeinschaft ausgeschlossen und nicht mehr willkommen im Ort.

Diese Tradition spiegelt sich auch in der Geschichte vom verlorenen Sohn in Lukas 15 wider.

Der jüngere Sohn verlangt seinen Erbteil, und nur wenige Verse später heißt es, dass er schon alles vergeudet hat und als Schweinehirte arbeiten muss. Es heißt sogar, dass die Schweine mehr zu essen haben als er! Hier können wir nicht nur die tiefe Verzweiflung spüren und wie tief der Sohn gesunken ist. Es liegt auch in kultureller Hinsicht ein Schatten über der Geschichte, denn er hat seinen Erbteil verloren und ist gezwungen, bei jemandem zu arbeiten, der Schweine besitzt, also einem Heiden.[5]

Als er zur Besinnung kommt und in Ungnade gefallen zum Zelt seines Vaters zurückkehrt, passiert etwas völlig Skandalöses: Der Vater *rennt* seinem Sohn entgegen. Für Männer im Nahen Osten ist es damals entwürdigend zu rennen. Kinder dürfen rennen, aber nicht ein ehrwürdiger, anständiger Patriarch. Aber der Vater ist bereit, diese Schande auf sich zu nehmen, weil er der Erste sein will, der seinen Sohn in Empfang nimmt. Der Vater weiß, dass ganz sicher die Kezazah-Zeremonie begangen werden wird, deshalb rennt er, damit sein Sohn seine Stimme zuerst hört. Und dann spricht er ihm die Wahrheit zu:

*„Du bist geliebt."*

*„Ich kenne dich."*

*„Ich sehe nicht das, was schiefgelaufen ist, ich sehe nur dich."*

Und diese Stimme spricht auch als Erstes zu dir. Es ist die Stimme eines Vaters, der mit offenen Armen auf dich zu rennt, der verkündet, dass du sein Kind bist. (Man beachte, dass der Vater in dieser Geschichte sofort anfängt, Dinge zu verkünden, die eindeutig die Sohnschaft signalisieren – Kleider, der Ring und das Fest.) Der Sohn musste überhaupt nichts tun, um sich den Weg zurück in die Familie zu verdienen. Er wurde mit Gnade, Liebe und Güte überschüttet. Und die Kleider und der Ring wiesen sogar darauf hin, dass er noch mehr Erbe bekam! Alles, was dem Vater gehörte, gehörte jetzt auch wieder ihm – und das nur, weil die Liebe ihm den Weg bahnte. Gottes Stimme schenkt uns unser Erbe und spricht uns Liebe und Gnade zu.

Wenn Stimmen auf dich eindringen: Auf welche hörst du dann? Auf die Stimme der Scham? Der Schuld? Der Abscheu?

Oder hörst du auf die erste Stimme, die zu dir spricht? Es ist die *erste Stimme*, weil es sie schon damals im Garten Eden gab, noch bevor irgendeine andere Stimme dagegen antrat. Es ist die Stimme, die von Anfang an zu dir gesprochen hat. Die Stimme, die im Garten Eden erklungen ist und bis heute fortklingt: „Mein Sohn, meine Tochter, mein geliebtes Kind."

Ich sage damit nicht, dass du der erstbesten Stimme glauben sollst, die in deinen Kopf dringt. Ich sage, dass Gottes Stimme vor allen anderen da war, und das ist die Stimme, auf die wir hören sollten. Ich weiß, wie schwer es ist, Gottes Stimme zu erkennen. Auch mir fällt es aufgrund meiner Geschichte leichter, auf die Stimmen von Scham und Versagen zu hören. Ich erkenne die Stimme des Feindes eher als die Stimme Gottes, weil ich so lange auf ihn statt auf Jesus gehört habe.

Wenn wir jeden Tag in der Bibel lesen – vor allem in den Evangelien –, dann werden wir die Stimme von Jesus klarer erkennen. Diese alten Texte, Geschichten und Lieder öffnen mein Herz für den Heiligen Geist. Das ist toll!

Die Frage ist jedoch, ob wir in unserem Herzen überhaupt Raum lassen, um diese Stimme zu hören. Wenn wir auf unsere Handys starren, wenn wir an der Supermarktkasse stehen, wenn uns zu Hause langweilig ist, wenn wir darauf warten, dass etwas passiert, dann hören wir vielleicht die Stimme des emotionalen Bankrotts. Wir hören immer auf irgendwelche Stimmen – im Fernsehen, im Internet, bei unseren Freunden. Erkennst du den Unterschied?

Gott spricht in der Stille. Die Wüste ist ein Ort völliger Stille. Warst du schon einmal in einem Raum, in dem überwältigende Stille herrschte? Wo es dir so vorkam, als könntest du deine eigenen Gedanken hören?

Stille ist dieses furchterregende Monster, dem die meisten von uns aus dem Weg gehen. Wir laufen vor der Stille davon, weil wir Angst haben vor ihrer Kraft. Die Stille zwingt uns, unserem wahren Ich in die Augen zu sehen. Dann fangen wir an, die wirklich wichtigen Fragen zu stellen. Deshalb schauen wir wahrscheinlich vor dem Zubettgehen und nach dem Aufstehen als Erstes auf unser Handy – damit wir die unangenehme Stille nicht ertragen müssen. Dieses nagende Gefühl der Unzulänglichkeit. Die Versuchung, nach etwas zu greifen. Das Gefühl, nicht mithalten zu können oder nicht gut genug zu sein. Wir können es mit der modernen Technik und allem möglichen Lärm verdrängen, aber in der Stille scheint es auf uns einzuhämmern.

Wenn wir die Stille abstellen, dann schaffen wir den Raum ab, in dem Gott spricht.

Der Prophet Elia musste diese Lektion auch lernen (nachzulesen in 1. Könige 19). Unmittelbar zuvor hat Elia, diese mächtige Stimme Gottes, eine ganze Armee falscher Propheten in einem heroischen Machtkampf besiegt, bei dem Gott Feuer vom Himmel auf einen klatschnassen Altar regnen ließ, um zu zeigen, dass er der einzig wahre Gott ist. Elia steht ganz allein da als derjenige, der nie aufgibt und nie die Hoffnung verliert, dass Jahwe Gott ist, auch wenn alle anderen den falschen Baal anbeten.

Innerhalb von gerade mal zwei Sätzen zieht Elia aber den Schwanz ein und ist auf der Flucht; er misstraut Gott und ist völlig verängstigt. Diese Geschichte ist zunächst einmal eine unglaublich komische, aber große Ermutigung für diejenigen von uns, die aus eigener Erfahrung wissen, wie schnell sich unser Vertrauen in Gott verabschieden kann. In einem Augenblick stehen wir noch auf dem Berggipfel und im nächsten schon im tiefsten Tal. Wir alle bestehen sowohl aus Herrlichkeit als auch aus Staub, sowohl aus Glaube als auch aus Zweifel.

Aber was dann passiert, ist ziemlich seltsam. Gott spricht mit einer hörbaren Stimme zu Elia. (Wie wir gesehen haben, zieht sich der Gedanke, dass Gott uns nachgeht, durch die gesamte Bibel.) Aber der Verfasser von 1. Könige macht zuerst deutlich, wie Gott *nicht* spricht.

Zuerst kommt ein großer, starker Wind auf, der die Berge zerreißt und die Felsen zerbricht, aber „der Herr war nicht in dem Sturm". Dann, heißt es, kommt ein Erdbeben, aber auch darin ist Gott nicht. Dann folgt ein Feuer, aber Gott ist nicht im Feuer. Schließlich vernimmt Elia ein leises Säuseln. Gott bläst wie ein sanfter Wind und spricht zu ihm mit einem sanften Hauch.

Wenn ich „Hauch" höre, dann denke ich an etwas Zärtliches, Sanftes, Schönes. Und genau so ist Gottes Stimme. Das Schwierige an einem Hauch ist allerdings, dass wir genau hinhören müssen. Er ist gerade laut genug, damit diejenigen, die hinhören, ihn vernehmen können, und diejenigen, die abgelenkt sind, kriegen ihn nicht mit.

Deshalb ist die Wüste so wichtig. Sie ist ein Ort, an dem wir diesen Hauch hören können. Sie ist ein Ort, der nicht vom Lärm unserer Handys, Computer und Rund-um-die-Uhr-Nachrichten übertönt wird. Manchmal ist die Wüste der einzige Ort, an dem wir Gottes Stimme hören können.

Jesus ging in die Wüste, um zu verinnerlichen, dass er geliebt war. Machst du das auch?

Viele von uns verfluchen die Wüste. *Irgendetwas stimmt hier nicht*, denken wir. Haben wir gesündigt? Hat Gott uns den Rücken gekehrt? Aber was ist, wenn die Wüste eine besondere Zeit ist, eine Zeit zu lernen, dass du geliebt bist?

Im Alten Testament, beim Propheten Hosea, steht ein seltsamer Vers, in dem Gott zu den Israeliten, die wieder einmal rebellieren, sagt: „Doch dann werde ich versuchen, sie wiederzugewinnen: Ich will sie in die Wüste bringen und in aller Liebe mit ihr reden.“[6] Das klingt verrückt. Die Wüste steht doch für Tod, Schmerz, Leid, keine Nahrung und Durst. Und trotzdem sagt Gott, er will sie in die Wüste führen, um sie wiederzugewinnen. In diesem „wiedergewinnen“ steckt etwas Romantisches, so als wolle er sie in der Wüste umwerben. Er will liebevoll mit ihr reden. Für Gott ist die Wüste ein besonderer Ort zwischen uns und ihm. Wie wäre es, wenn wir aufhören würden, die Wüste abzulehnen?

## Den Richtigen zu kennen ist besser, als das Richtige zu tun

In der Grundschule war ich ein ziemliches Problemkind. Ich langweilte mich. Und wenn ein kleiner Junge sich langweilt, dann heckt er meistens Unsinn aus.

Ich schaltete ständig das Licht in der Toilette aus, wenn andere Jungs noch drin waren, oder schoss feuchte Papierkügelchen auf Mitschüler und machte ähnlichen Unfug, den Zehnjährige so machen.

Den meisten Blödsinn machte ich in der Pause. Ich bewarf andere mit irgendetwas, schoss einen Ball auf sie oder sagte etwas, um sie zu provozieren. Jetzt bin ich aber nicht gerade der Größte oder Kräftigste, und das war ich auch in der Grundschule nicht. Im Gegenteil. Ich war bis zur Highschool wohl der Kleinste in jeder Klasse. Wenn ich also diese Dinge tat, wusste ich, dass ich schneller sein musste als die anderen, denn wenn sie mich einholten, hatte ich keine Chance.

Irgendwann begriff ich, dass ich nicht ewig davonlaufen musste. Ich musste nur schnell genug zu meinem Freund Big Mike rennen. Sein Name erklärt schon alles, und wahrscheinlich täuscht mich meine Fantasie, aber ich meine mich noch gut daran zu erinnern, dass er schon mit neun einen Bartflaum und eine Axt hatte.

Ich war einer seiner besten Freunde, und das Wunderbare daran war, dass ich nur in Big Mikes Reichweite laufen musste, wenn ich mal wieder eine Dummheit begangen hatte und ein anderes Kind mich über den Spielplatz jagte. Wenn ich es bis dorthin schaffte, würde das andere Kind wie angewurzelt stehen bleiben und mich nur böse anstarren. Ich war in Sicherheit, und sie konnten mir nichts tun, weil ich neben Mike stand.

Wenn die anderen mich verprügeln wollten, hörten sie nicht wegen mir auf, sondern wegen dem, der neben mir stand. Sie hörten nicht auf, weil sie Angst vor mir hatten, sondern weil sie Angst vor ihm hatten.

Vielleicht hilft dir diese Geschichte ein wenig dabei zu verstehen, was es bedeutet, dass die Identität von Jesus zu unserer Identität wird. Die Formulierung „in ihm“ kommt im Neuen Testament über einhundert Mal vor. (Und wenn ein Ausdruck über hundert Mal vorkommt, dann ist er wahrscheinlich wichtig.) Was für Jesus gilt, gilt auch für uns, und wenn wir ihm vertrauen, ist er unser Anwalt. Jedes Mal, wenn Satan dir Lügen einflüstert, kannst du einfach auf den zeigen, der neben dir steht. Jesus ist fehlerlos, und das heißt, wir sind es auch. Er ist gerecht, und das heißt, wir sind es auch. Er hat freien Zutritt zum Vater, und das heißt, wir haben das auch.

Wir versuchen viel zu oft, uns zu verteidigen, wenn falsche Stimmen in unseren Kopf dringen. Aber wenn wir uns selbst verteidigen, spüren wir irgendwann, wie uns der Boden unter den Füßen schwindet. Stattdessen sollten wir zu dem laufen, der unsere Identität ist, zu Jesus. Vor uns haben die Dämonen keine Angst, aber vor ihm schon, und er ist unser Anwalt.

Wir sind auch Königskinder, und das macht uns gefährlich. Wer uns angreift, greift die Königsfamilie an. Und man legt sich nicht mit dem Thronfolger an, weil man nämlich Angst vor dem König hat.

Hast du schon einmal einen Film gesehen, in dem ein König vorkommt? Normalerweise gibt es darin mindestens eine Szene, in der wir einen kleinen Blick in den Thronsaal werfen können. Die Türflügel schwingen auf und mit einem Super-Weitwinkelobjektiv schweben wir auf dem roten Teppich langsam auf den

Thron zu. Meistens sehen wir aber direkt neben dem König seine Leibwächter. Oft tragen sie irgendeine Rüstung oder Uniform und Waffen und sehen todernst drein.

Sie stehen steif da, wie erstarrt, und wirken kalt. Sie sind Angestellte des Königs und haben eine Aufgabe zu erledigen. Wenn sie es vermasseln, werden sie höchstwahrscheinlich gefeuert. Es wäre bestimmt sehr seltsam, wenn diese Leibwächter anfangen würden, im Thronsaal herumzutanzen, im Kreis zu rennen, mit ihren Waffen zu spielen und voller Freude herumzuhüpfen.

Aber wenn sie Königskinder wären, wäre diese Szene nicht fehl am Platz. Kindern gesteht man die Freiheit zu, verspielt zu sein. Es würde nur zeigen, wie groß und liebevoll das Herz des Königs ist, wenn man in den Thronsaal käme und es würden Kinder um den Thron herumrennen, hüpfen und mit ihrem Vater Spaß haben.

Kinder haben andere Rechte als Leibwachen. Aber leider tun viele von uns so, als wären wir die Leibwächter. In Gottes Gegenwart sind wir steif, kühl und ernst und haben Angst, gefeuert zu werden. Wir bewegen uns wie auf rohen Eiern. Aber ein Kind wird nicht gefeuert. Ein Kind darf diese Freude und Freiheit genießen, die auch nur ein Kind hat.

Welches Bild beschreibt deine Beziehung zu Gott besser?

Hast du die ganze Zeit Angst, dass du es vermasseln könntest, oder läufst du verspielt um Gottes Thron herum, weil du weißt, dass dein Vater der Herr des gesamten Universums ist? Gott ist nicht in diese Welt gekommen, um aus uns Leibwächter zu machen, sondern um seine Kinder zu suchen. Jesus hat bei seiner Taufe nicht die Worte „Das ist mein Angestellter" gehört. Er hat die Worte „Dies ist mein geliebter Sohn, der meine ganze Freude ist" gehört.[7]

Was siehst du, wenn du dein Leben betrachtest? Bist du ausgebrannt? Bist du müde? Erschöpft?

Es gibt Stimmen, die dafür sorgen, dass du so erschöpft bist. Stimmen, die für diese Verletzungen verantwortlich sind. Aber es gibt auch noch eine andere Stimme, eine mächtigere Stimme, die allererste Stimme, die dir in diesem Augenblick erklärt, dass du geliebt wirst. Er kennt dich. Du darfst zum Vater laufen und wissen, dass er dich auffangen wird.

KAPITEL 5

# Der Sabbat ist anders, als du denkst

Du ruhst, während du spielst

**Lettie Cowman, die das berühmte Andachtsbuch „Alle meine Quellen sind in dir“ verfasst hat, schrieb einmal über eine Reise nach Afrika.** Sie hoffte, möglichst schnell voranzukommen, also hatte sie Träger und Führer engagiert, die ihr dabei helfen sollten. Am ersten Tag ihrer Reise war sie angenehm überrascht darüber, wie viele Kilometer sie hinter sich gebracht hatten. Aber am Morgen des zweiten Tages weigerten sich die Träger, sich vom Fleck zu bewegen, und blieben einfach sitzen. Frustriert, da sie diese Träger ja bezahlte, fragte sie den Anführer der Gruppe, warum niemand weiterzog – vor allem nach dem Tempo, das sie am Vortag an den Tag gelegt hatten. Er erklärte ihr, dass sie am ersten Tag viel zu schnell und zu weit gereist waren und nun warten mussten, „dass ihre Seele den Körper einholen würde“[1].

Wann hast du dich zum letzten Mal ausgeruht und gewartet, bis deine Seele dich eingeholt hat? Ich befürchte, wenn ich zurückschaue und versuche, diese Frage zu beantworten, werde ich feststellen, dass meine Seele – und damit mein Wohlbefinden – nicht nur Tage, sondern Jahre hinterherhängt.

Das Wort „Sabbat“ heißt wörtlich übersetzt „ausruhen“.

Wann hast du zum letzten Mal so richtig ausgeruht? Leider können viele von uns diese Frage nicht beantworten, weil wir es nicht wissen.

Wir würden vermutlich sagen: „Aber ich habe viel zu viel zu tun! Ich habe keine Zeit, um auszuruhen!“

Wenn man bedenkt, wie viel wir um die Ohren haben, ist der Gedanke, sich auszuruhen, wirklich irrwitzig. Wenn wir uns ausruhen, verlieren wir vielleicht die neue Arbeitsstelle. Nächste Woche sind Abschlussprüfungen, wie soll man sich da jetzt einen Tag freinehmen? Für mich trifft das auch aufs Vatersein zu. Wenn du ein Kind hast, das noch kein Jahr alt ist, weißt du, wie schwer es ist, sich wirklich auszuruhen. Aber wenn ich alles dafür tue, dass Alyssa und unsere Familie diesen Freiraum haben, dann ist es die Sache wert. Sie ist es immer wert.

John Piper sagte einmal: „Der größte Nutzen von Twitter und Facebook wird einmal darin bestehen, dass man am Ende der Welt beweisen kann, dass wir nicht etwa deshalb zu wenig gebetet haben, weil wir zu wenig Zeit gehabt hätten.“ Wir haben alle Zeit. Es kommt nur darauf an, wie wir diese Zeit nutzen.

Wir behaupten zwar alle gern, wir seien zu beschäftigt, aber sind wir das wirklich? Vielleicht stundenlang mit unseren Handys und dann noch einmal ein paar Stunden mit dem Computer oder dem Fernseher.

Wenn jemand dir das unglaubliche Geschenk der Achttagewoche machen würde, würdest du es annehmen? Und wenn die einzige Bedingung darin bestünde, dass du diesen Extratag nur dann bekommst, wenn du nicht arbeitest? Du müsstest etwas spielen, Spaß mit der Familie haben, ein leckeres Essen genießen – einfach Dinge unternehmen, die deine Seele zum Klingen bringen und ihr guttut. Würdest du ihn dann nehmen?

Wir *haben* schon jede Woche einen Extratag, einen Tag genau *dafür*. Gott hat einen Ruhetag in den Rhythmus dieses Universums eingebaut. Denn das Universum hat einen Rhythmus, in dem es funktioniert und sich bewegt, der, wenn wir ihn mitmachen, das Beste für uns ist.[2]

Denk mal darüber nach, wie schön Tanzen ist. Seit Kinsley auf der Welt ist, feiern wir hin und wieder eine kleine Tanzparty in unserem Haus. Musik und Tanz machen sie einfach glücklich. Sie fängt an zu lachen. Und wenn sie lacht, lachen wir auch und merken, dass das für unsere Familie ein ganz besonderer Augenblick der Freude ist.

Das Seltsame am Tanzen ist allerdings, dass du den Rhythmus nicht kontrollieren kannst. Du bestimmst nicht, die Musik bestimmt. Wenn du aus dem Takt kommst, bekommst du ein Problem. Aber in dem Moment, in dem du mit dem Lied und dem Rhythmus mitgehst, fühlt es sich einfach richtig an. Der Rhythmus ist Gesetz, und alles klappt bestens, wenn wir ihm folgen.

Genauso ist es auch mit dem Sabbat. Das Universum hat eine Struktur, eine Schönheit und einen Rhythmus, und wir verkümmern, weil wir nicht auf den Takt der Musik hören. Was wäre, wenn wir unsere Ohren auf diese Musik und diesen Rhythmus einstellen würden? Es könnte unser Leben verändern.

Wann hast du zum letzten Mal jemanden gefragt, wie es ihr oder ihm geht, und zur Antwort bekommen: „Richtig gut!" oder: „Ich fühle mich so erfüllt und voller Frieden"?

Ich schätze mal, du kannst dich nicht daran erinnern. Stattdessen antworten die Leute: „Ich hab gerade so viel um die Ohren!" oder: „Die Arbeit bringt mich noch um. Ich hab das Gefühl, ich komme zu nichts anderem mehr." Es ist schon fast so, als sei Stress eine Ehrenauszeichnung. Wenn du auf die Frage, wie es dir geht, nicht mit „hab viel zu tun" antwortest, hast du das Gefühl, dass etwas nicht stimmt. Du willst nicht, dass die Leute denken, du wärst faul oder unwichtig. Irgendwas läuft schief in einer

Gesellschaft, wenn nur diejenigen, die am meisten arbeiten und am meisten ausgebrannt sind, als erfolgreich gelten.

Wir sagen vielleicht, dass Jesus unser Gott ist, aber es sieht ganz danach aus, als sei in Wirklichkeit die Arbeit unser Erlöser. Wenn wir auf Facebook in der Rubrik „Religiöse Ansichten“ „Leistung“ oder „Arbeit“ notieren würden, wären wir da viel ehrlicher.

Wir haben Angst vor der Ruhe. Angst vor der Stille. Angst vor dem Nichtstun. Und ich glaube, dafür gibt es zwei Gründe: 1. Stille schüchtert uns ein, und 2. wir haben Angst davor, unwichtig zu sein. Wenn wir uns ausruhen oder nicht arbeiten, haben wir – vor allem in den westlichen Ländern – das Gefühl, unsere Identität zu verlieren. Wir wissen nicht mehr, wer wir sind. Deshalb sind die Menschen bereit, ihr gesamtes Leben auf dem Altar ihrer Arbeitsstelle zu opfern. Dann, glauben sie, sind sie wenigstens wichtig.

Timothy Wilson, ein Psychologieprofessor an der Universität von Virginia, hat eine unglaubliche Studie durchgeführt. Diese belegt, wie süchtig die Menschen danach sind, ständig mit anderen in Verbindung zu stehen. Er stellte fest, dass wir wohl die erste Generation sind, die keine freie Zeit mehr hat. Wilson führte elf verschiedene Experimente mit über 700 Menschen durch und entdeckte dabei, dass „die Mehrheit der Teilnehmer berichtete, dass sie es unangenehm fanden, mit ihren Gedanken für sechs bis fünfzehn Minuten allein in einem Raum zu sein“.[3]

Die Menschen konnten nicht einmal so lange mit ihren Gedanken allein sein, wie es normalerweise dauert, um zum Beispiel zu duschen. (Vielleicht kommen uns deshalb die besten Ideen unter der Dusche, weil wir nur dort wirklich freie Zeit haben.)

Und das ist der beängstigende Teil der Studie: In dem Raum gab es eine Art Elektroschocker, den die Teilnehmer benutzen konnten, um sich selbst Elektroschocks zu verabreichen, wenn sie wollten. Zuvor hatte die Teilnehmergruppe jedoch erklärt, sie würde sogar Geld bezahlen, um *keine* Schocks zu bekommen.

Nachdem die Teilnehmer eine Weile untätig gewesen waren, „fingen 64 Prozent der Männer und 15 Prozent der Frauen an, sich selbst Elektroschocks zu versetzen, wenn sie mit ihren Gedanken allein gelassen wurden". Weil wir heutzutage nicht den Freiraum haben, *regelmäßig* über uns selbst nachzudenken, haben wir Angst vor den Problemen, die dann ungelöst bleiben. Im Rahmen der Studie wurden Beispiele genannt wie „schwierige Beziehungen", „persönliches und berufliches Versagen", „Geldprobleme", „gesundheitliche Probleme" und so weiter. Wenn wir endlich einmal mit unseren Gedanken allein sind, haben wir Angst davor, denn sie zwingen uns, uns mit Problemen zu befassen. Lieber sind wir online, wo schon alles vorgekaut ist. Und offenbar verabreichen wir uns auch lieber Elektroschocks, um ja nicht nachdenken zu müssen.

Kann diese Welt noch verrückter werden? Die Menschen würden sich lieber mit einem Stromschlag umbringen, als still dazusitzen!

Der Komödiant Louis C. K. erzählte dem Fernsehmoderator Conan O'Brien einmal, zu welch unglaublich verrückten Dingen uns die Stille bringt:

*Manchmal, wenn die Ablenkung verschwindet, man ins Nichts starrt, im Auto unterwegs ist, sagt man zu sich selbst: „O nein, nicht schon wieder. Ich bin allein." Es sucht dich heim. Diese Traurigkeit. Das Leben ist unglaublich traurig, einfach nur, weil man drinsteckt ... Deshalb texten wir beim Fahren. Wenn ich mich umschaue, dann schicken fast hundert Prozent der Leute beim Fahren SMS.*

*Und sie töten; alle töten sich gegenseitig mit ihren Autos. Aber die Menschen sind bereit, ein Menschenleben zu riskieren und ihr eigenes zu ruinieren, weil sie auch nicht eine Sekunde allein sein wollen, denn das ist schrecklich.*[4]

Ich würde lügen, wenn ich sagen würde, ich hätte noch nie genau wegen dieser nagenden Stille beim Fahren SMS geschickt.

Und wenn wir schon bei den Geständnissen sind: Ich habe schon fünfmal auf mein Handy und in meine Accounts auf Twitter und Facebook geschaut, seit ich mit diesem Kapitel angefangen habe.

Das Schlimmste daran ist, dass uns die Technologie nur dazu anstiftet, immer schneller zu machen.

Erinnerst du dich noch an die Zeit vor etwa zwanzig Jahren, als diese 56k-Modems aufkamen? Wenn die sich ins Internet einwählten, klang es wie das Wählen beim Telefon, und dann folgte dieses unheimlich laute Rauschen und Knacken. Es war wie ein Wunder. Wir kamen ins Internet, konnten alles nachschauen, was wir wollten, hörten eine weibliche Stimme, die uns mitteilte: „Sie haben Post", und konnten mit Menschen rund um den Globus chatten, und es war gar keine große Sache.

Wenn wir heute eine so langsame Verbindung hätten, würden wir wahrscheinlich ausflippen, wären total frustriert und würden irgendetwas aus dem Fenster werfen. Wir sind darauf trainiert, immer mehr, immer schneller und immer besser zu wollen.

Wissenschaftliche Studien belegen, dass unser Bedürfnis nach Geschwindigkeit zwei wesentliche menschliche Eigenschaften abtötet – Kreativität und Mitgefühl. Wenn wir uns selbst keine Zeit mehr zum Ausruhen geben, schränkt das unsere Fähigkeit zum Mitgefühl ein. Wenn wir endlich einmal ein wenig langsamer machen, fangen wir nämlich an, auch einmal an andere zu denken. Wir sind nicht mehr so mit uns selbst beschäftigt und haben Zeit, zu geben und Mitgefühl zu zeigen. Wenn wir zur Ruhe kommen, kann das eine bessere Welt schaffen – wenn Millionen, wenn nicht sogar Milliarden von Jesus-Nachfolgern sich einen Tag nehmen, um zu spielen, sich auszuruhen und andere zu lieben, dann verändert das etwas. Stattdessen zerreißt uns unsere Sucht nach Lärm und Technik. Die MIT-Professorin Sherry Turkle ist die wohl namhafteste Wissenschaftlerin, die erforscht, wie die Technik unsere Erholung, unseren Lebensrhythmus und unsere Persönlichkeit beeinflusst. Seit mehr als dreißig Jahren widmet sie sich diesem Thema.

In einem Artikel in der *New York Times* ging sie der Frage auf den Grund, in welcher Weise unsere Sucht danach, jeden Augenblick unseres Lebens zu dokumentieren (zum Beispiel ein Bild von unserer Kaffeetasse und unserer Bibel auf Instagram zu posten oder ein Bild von dem Konzert, auf dem wir gerade sind, auf Facebook), uns als Menschen grundlegend verändert.

Sie drückte es folgendermaßen aus: „Durch das Selfie gewöhnen wir uns daran, bei uns selbst und anderen kurz auf den Pause-Knopf zu drücken, um zwischendurch unser Leben zu dokumentieren. Das ist die Fortführung dessen, dass wir gelernt haben, bei Unterhaltungen mal eben auf ‚Pause' zu drücken, um eine SMS, ein Bild, eine Mail oder einen Anruf entgegenzunehmen. Wenn man sich an dieses Leben der zahllosen Unterbrechungen gewöhnt, dann gewöhnt man sich immer mehr ab, darüber nachzudenken, wo man selbst steht und was man denkt."[5]

Entweder drücken wir einen Augenblick auf „Pause" oder wir sind in diesem Augenblick wirklich präsent. Beides zugleich geht nicht.

## Der Geist des Sabbats

Ich liebe Großstädte, Geschichte und Kultur. Und deshalb ist Jerusalem auch eine meiner Lieblingsstädte auf dieser Welt. (New York ist aber ganz dicht dahinter.) Ich war zwar erst einmal dort, dafür aber für einige Zeit, und ich habe auch nicht das übliche christliche Touristenprogramm abgespult. Wir besuchten zwar alle „Jesus-Orte", aber das war nur ein Tag auf der gesamten Reise.

Wir waren bei einem Freund, Mentor und Verwandten untergebracht, der mit seiner Familie die Hälfte der Zeit in den USA und die andere Hälfte in Jerusalem lebt. Ihre Wohnung liegt nur knapp zwei Kilometer von der Altstadt entfernt und so waren wir mittendrin.

Am besten hat mir während unserer Zeit dort die Sabbatfeier gefallen. Freitagabends, wenn es dunkel wird, wird im westlichen Teil der Stadt ein riesiges Horn geblasen, das allen signalisiert, dass jetzt Sabbat ist. Innerhalb von wenigen Augenblicken hört man statt dem geschäftigen Treiben nur noch Stille. Außer einem gelegentlichen Auto läuft oder fährt so gut wie niemand herum und überhaupt ist kaum noch jemand draußen. Es ist ein bisschen unheimlich.

In manchen Teilen der Stadt scheint man allerdings mehr dem Buchstaben des Sabbats zu folgen als dem eigentlichen Geist des Sabbats.

Auf dem Shuk, dem Markt im Herzen der Stadt, herrscht am Freitagnachmittag völliges Chaos. Alle versuchen, noch alles zu kaufen, was sie für die nächsten drei oder vier Mahlzeiten brauchen, weil am Samstag alle Geschäfte geschlossen sein werden. Sie können sich nicht auf die anstehende Ruhe einstimmen, sondern machen sich riesige Sorgen und sind ruhelos. Die Menschen rufen und hetzen umher. Viele Käufer scheinen zu denken, dass ihre eigenen Bedürfnisse wichtiger seien als die der anderen, und deshalb sollte man ihnen lieber aus dem Weg gehen. Natürlich gilt das nicht für jeden, und viele Menschen bereiten sich auch auf gesündere Weise auf den Sabbat vor. Aber für viele ist er zur Last geworden. Wie eine Kette.

Ich glaube nicht, dass Gott das so im Sinn hatte, als er den Sabbat schuf. Die meisten Menschen halten sich im Prinzip an das Gebot, aber sie sind nicht mit dem Herzen dabei. Es sollte eigentlich eine Atmosphäre der Schönheit, Freude und Erfüllung herrschen. Wenn man wahnsinnig schuftet, um sich danach auszuruhen, geht das, vorsichtig ausgedrückt, nach hinten los.

Aber in der Familie, bei der wir zu Besuch waren, herrschte ein wunderbarer Rhythmus, und die ganze Familie schien sich an den Vorbereitungen zu beteiligen. Sie zündeten zum Zeichen eine Kerze an oder rammten zum Gedenken einen Pfahl in den Boden. Die Kerze brannte dann die ganzen 24 Stunden hindurch. Zu Beginn des Sabbats wurde daran erinnert, dass es darum ging, die Arbeit liegen zu lassen, zur Ruhe zu kommen und den Tag zu genießen. Die Eltern beteten und segneten ihre fünf Kinder, und dann schlugen wir alle auf den Tisch, klatschten in die Hände und sangen vor dem Abendessen ein Sabbatlied, meistens angeführt von den begeisterten Kindern. Dann machten wir eine Flasche Wein auf und genossen ein wunderbares Essen.

Das Ganze hatte etwas Heiliges. Etwas Geheimnisvolles. Etwas Schönes. Keine Elektronik. Niemand sah auf sein Handy oder schlang das Essen hinunter, um dann wieder am Computer zu spielen oder fernzusehen.

Das ist Sabbat. Als ich am Tisch dieser Familie saß, wurde mir klar, dass es im Leben genau darum geht: Beziehungen. Essen. Tiefgehende Gespräche. Vertrautheit.

Wir waren mehrere Freitage dort und so konnten wir diesen Rhythmus mehr als einmal erleben. In einer Woche erlebte ich einen jener seltenen Momente (von denen ich mich nur an eine Handvoll erinnern kann), in denen ich die Gegenwart Gottes ganz deutlich spüren konnte. Noch nie hatte ich seine Liebe und Gnade so deutlich erlebt.

Es war etwa eine Stunde vor dem Sabbatmahl, und die Familie hatte beschlossen, mit einer anderen Familie, die über ihnen wohnte, eine gemeinsame Anbetungszeit zu feiern. Wir sangen, beteten, feierten und erinnerten uns an das, was Gott für uns getan hatte.

Damals war Alyssa ungefähr im vierten Monat schwanger, und wegen ihrer Schwangerschaft und weil wir ihre Gäste waren, forderten sie uns auf, unsere Stühle in die Mitte zu stellen, damit sie für uns beten und uns ermutigen konnten. Sie stellten sich um uns herum und legten uns die Hände auf, was dem Ganzen sofort eine ganz tiefe Vertrautheit verlieh. Ich weiß noch, dass ich mir in diesem Moment sehr klein vorkam.

Sie fingen an, Gott für uns zu danken, dankten ihm für das neue Leben, das er uns geschenkt hatte, und für unsere Zukunft als Familie. Sogar die Kinder beteten für uns. Acht Kinder zwischen fünf Jahren und dem Teenageralter, die uns die Hände auflegten und für uns beteten – diese Erfahrung hat uns sehr demütig gemacht.

In diesem Augenblick war ich so sehr Mensch, wie Gott uns gedacht hatte. Vollkommen geliebt. Vollkommen erkannt. Der Himmel stürzte auf die Erde und hatte einen Altar errichtet. Die Zeit schien stillzustehen und Liebe strömte herein. Wenn ich jetzt daran zurückdenke, sind die Gefühle immer noch frisch.

Es war ein Sabbat, den ich nie vergessen werde.

Rabbi Abraham Heschel hat einmal gesagt, dass der Tempel für das Universum das ist, was der Sabbat für die Zeit ist.[6] Das heißt, der Tempel ist ein heiliger Raum, ein Ort, an dem Himmel und Erde physisch aufeinandertreffen.

Am Sabbat treffen sich Himmel und Erde in der Zeit – in einem Augenblick. Vor allem in unserer arbeitssüchtigen westlichen Gesellschaft müssen wir uns einen solchen heiligen Zeitraum nehmen, in dem wir uns der Arbeitssucht, der Technik und dem Konsum verschließen. Die Zeit ist uns nicht mehr heilig. Sie ist eine Ware und so behandeln wir sie auch. Ich bin beinahe schockiert, wenn ich darüber nachdenke, dass die Menschen bis vor einigen Jahrzehnten gar keine Uhren hatten und ihren Tag nicht bis ins Detail verplanen konnten – Essenszeit ist dann und dann, fünf Arbeitstreffen in diesem Zeitraum, die Kinder um jene Zeit zum Fußball bringen. Aber heute sind wir Sklaven der Zeit.

Den Sabbat zu ehren heißt, dazu Nein zu sagen. Diese Zeit ist heilig. Aber wofür sollten wir uns diese Zeit freihalten?

Wenn wir das Neue Testament lesen, merken wir, dass der Sinn, die Bedeutung und der Auftrag des Sabbats sich ändern, als die christliche Kirche entsteht. Viele Menschen denken, Sabbat hieße, still zu sein, den ganzen Tag zu beten oder einfach nur auf dem Sofa herumzuhängen.

Das kann zwar durchaus auch zum Sabbat gehören, wenn man es richtig macht, aber ich behaupte mal, dass es dem Sabbat auch völlig widersprechen kann. Er wird im schlimmsten Fall zu einem stillen, elenden Tag, an dem du dich selbst wegen all deiner Sünden fertigmachst, dich isolierst (und andere vor den Kopf stößt), während du betest, oder du schlägst einfach die Zeit tot, bis der Sonntag das Gegenteil von einem Sabbat wird.

Als junge Familie lernen Alyssa und ich gerade, was es heißt, den Sabbat zu ehren und uns Zeit zu nehmen, um wirklich etwas für unsere Seele zu tun. Wir sprechen ständig darüber und versuchen, das Ganze zu optimieren. Aber es gibt ein paar Dinge, die uns immer in Sabbatstimmung versetzen: 1. wenn wir unsere Handys an diesem Tag ausschalten, 2. etwas draußen in der Natur unternehmen und 3. eine ganz besonders gute Mahlzeit essen.

Das haben wir für uns entdeckt, als wir uns einmal genauer angeschaut haben, wie sich dieses Konzept in der Bibel entwickelt hat. Wenn man die Bibel als Ganzes betrachtet, zeichnen sich in Bezug auf den Sabbat drei Prinzipien ab, die uns helfen, diesen Tag zu ehren, indem wir ihn füllen, uns erinnern und den Blick nach vorn richten.

Das erste Ziel des Sabbats kann man nur verstehen, wenn man an den Anfang zurückgeht und auf das Echo des Garten Eden lauscht, das noch heute leise in unserer Welt widerhallt. Der Sabbat ist ein Rhythmus, der eng mit dem gesamten Kosmos verwoben ist. Er gehört zur DNA der Schöpfung. Gott hat nicht etwa deshalb geruht, weil er sich erholen musste. 1. Mose 2 verrät uns, dass es dabei um ein Feiern ging, eine Einweihungsfeier. Es war der Tag, an dem er die Erde mit seiner Gegenwart erfüllte.

Wenn Gott also an jenem ersten Sabbat die Erde mit seiner Gegenwart erfüllt hat, um damit sowohl zu zeigen, dass die Schöpfung vollendet war, als auch um sich selbst mit dieser Schöpfung untrennbar zu verbinden, dann ergibt es Sinn, den Sabbat genauso zu feiern.

Was wäre, wenn wir die Erde an einem Tag in der Woche mit Gottes Gegenwart erfüllen würden, indem wir mit unserem Geld, unserer Zeit und unserer Energie kreativ umgehen? Eine heilige Zeit verbringen, in der wir anderen dienen und sie lieben. Ich möchte nicht behaupten, dass Alyssa und ich wirklich gut darin sind, aber wir lernen dazu.

Vielleicht kannst du am Sabbat ja deine Nachbarn zum Essen einladen. Vielleicht kennst du eine Witwe in deiner Straße, die du fragen kannst, ob du ihr einen Tag in der Woche im Haushalt helfen kannst.

Vielleicht bedeutet zur Ruhe zu kommen auch, am Sabbat zu arbeiten. Wenn du schon einmal etwas für andere getan und gemerkt hast, dass du selbst dabei auftankst, beginnst du zu ahnen, dass der Sabbat genau so sein soll.

Meine Lieblingsdefinition von Sabbat stammt von Abraham Heschel: „Der Sabbat ist die Erinnerung an die königliche Herkunft jedes Menschen; die Abschaffung aller Unterschiede zwischen Herr und Sklave, Reich und Arm, Erfolgreichem und Versager. Den Sabbat feiern heißt, die völlige Unabhängigkeit von Zivilisation und Gesellschaft, von Erfolg und Sorgen zu erleben. Der Sabbat verkörpert die Überzeugung, dass alle Menschen gleich sind und dass diese Gleichstellung die Menschen adelt. Die größte Sünde des Menschen ist zu vergessen, dass er ein Königskind ist."[7]

Ist dir schon einmal aufgefallen, dass viele von den Dingen, von denen die Gesellschaft sagt, dass sie uns voneinander unterscheiden, mit Arbeit zu tun haben: wie viel Geld wir verdienen, welches Auto wir fahren und welchen Job wir haben? Aber der Sabbat macht alle gleich. Einmal pro Woche sollen wir die Vorstellung ablegen, dass wir alle auf unterschiedlichem Niveau seien. Wir sind dann alle menschliche Ebenbilder Gottes, und während wir ruhen, sind alle gleich. Und das erinnert uns daran, dass das Gottes eigentliche Absicht war.

Als die anderen für uns beteten, uns ermutigten und uns mit Liebe begegneten, war genau das Sabbat. Dieser Augenblick wurde mit Gottes Gegenwart erfüllt, genau wie damals im Garten Eden. Der Himmel wurde auf die Erde gezogen und der Augenblick wurde heilig. Der Sabbat ist ein Tag, an dem wir andere ermutigen können. Wem könntest du in einer kurzen Nachricht übers Handy deine Wertschätzung ausdrücken?

Sind deine Tage erfüllt oder lassen sie dich innerlich leer zurück? Es ist unheimlich wichtig, dass wir uns die Zeit nehmen, um aufzutanken.

Eine wirklich faszinierende Sache, über die man aber nur selten mal eine Predigt hört, ist die Tatsache, dass der Sabbat zwar der siebte Tag der Schöpfung war, aber für Adam und Eva der *erste* Tag ihres Lebens.

Versetz dich einmal in Adam hinein. Er war nicht für den Mond oder die Sterne geschaffen worden oder für die Tiere, die Pflanzen. Er war der krönende Abschluss der Schöpfung. Als Gott ihm den Lebensatem einhauchte, wurde er zu einem lebendigen Wesen. Und dann ruhte Gott. Aus Adams Perspektive war der erste ganze Tag, den er als Mensch erlebte, ein Tag der Ruhe. Ein Tag zum Auftanken.

Gott erledigte die Arbeit und Adam durfte mit Ausruhen anfangen. Erst nachdem er aufgetankt hatte, konnte er seiner Berufung als Gottesebenbild, das den Garten Eden bebaut, gerecht werden. Gott hatte sechs Tage Arbeit hinter sich und ruhte dann aus – aber für Adam war sein erster Lebenstag ein Tag der Ruhe, und erst danach sollte er arbeiten. Das ist ein bisschen so wie beim Kreuz, oder? Jesus erledigt alle Arbeit und wir dürfen in die Ruhe hineinkommen. Unser erster Tag, der Augenblick, in dem wir die Augen öffnen, sollte ein Tag, ein Moment der Ruhe sein.

Ist der Sabbat der Anfang der Woche oder das Ende? Viele von uns, die hart schuften, können es kaum erwarten, endlich einen freien Tag zu haben. Das ist in Ordnung, aber ich habe bemerkt, dass mein Leben mit Jesus mehr Tiefgang bekommen hat, seit ich mir vorgenommen habe, den Sabbat zu ehren. Fang mit Ruhe an und arbeite danach. Und nicht: Arbeite und hoffe dann darauf, Ruhe zu finden.

Der Sabbat wurde nach dem Auszug aus Ägypten eingesetzt. Nachdem Gott die Israeliten aus Ägypten befreit hatte, gab er ihnen die Thora. Das Sabbatgebot taucht zum ersten Mal in 2. Mose 31 auf, aber es wird in 5. Mose 5 erneut erwähnt. Dort erklärt Gott, dass sie sich mithilfe des Sabbats daran erinnern sollen, dass er sie aus der Sklaverei in Ägypten befreit hat.

Er sagt ihnen, dass sie nach sechs Tagen einen Tag ruhen sollen, weil sie keine Sklaven mehr sind. Sie sind frei.

Der zweite Zweck des Sabbats besteht also darin, dass wir uns daran erinnern, dass wir frei sind.

Wenn wir den Sabbat nicht feiern, stellt sich die Frage, ob wir wirklich frei sind. Oder sind wir Sklaven der Arbeit, unserer Handys, des Gebrauchtwerdens, des Bescheidwissens, des Vergnügens, der Sucht?

Der Sabbat ist ein Tag zum Feiern und um uns daran zu erinnern, dass wir freie Menschen sind. Wir unterstehen nicht länger einem Arbeitgeber, einem Staat, wir unterstehen dem Reich Gottes. Wir sind keine Waren, wir sind Menschen. Wir sind keine Ziegelhersteller, wir sind Ebenbilder Gottes. Und wenn wir uns daran erinnern, machen wir uns frei und können wahre Gemeinschaft erleben.

Wenn wir bloße Güter sind, sind die anderen Menschen unsere Konkurrenz.

Wenn wir ruhen, sind die anderen Menschen unsere Nächsten.

Früher dachte ich immer, wenn ich Christ sein wollte, müsste ich auf alle Dinge verzichten, die Spaß machen. Christsein war trostlos, düster und aufopferungsvoll. Letzteres ist es zwar manchmal durchaus, aber andererseits ist es auch eine Glaubensfeier. Christsein ist eine einzige riesige Party. Er ist hier! Gott ist unter uns! Seht nur, was er getan hat! Er hat uns gerettet! Also lasst uns feiern. Und genau das bedeutet es, den Sabbat zu feiern. Sabbat heißt, sich einen Tag pro Woche Zeit zum Feiern zu nehmen. Zum Tanzen. Zum Essen. Zum Singen. Und zum Lieben.

Das Sabbatgebot ist das vierte Gebot. Es blickt zurück auf die ersten drei Gebote über Gott und schaut nach vorn auf die nächsten sechs Gebote zum Umgang mit unseren Mitmenschen. Es ist das Bindeglied zwischen Gott ehren und die Mitmenschen lieben. Und eine echte Feier tut beides: Sie ehrt Gott und sie ehrt die Menschen.

Wenn Alyssa und ich Freunde zum Essen einladen, beginnen wir immer mit einem Gebet und einem Trinkspruch. Ein Gebet, um Gott zu ehren, und einem Toast, um unseren Gästen und Freunden in die Augen zu schauen und sie zu ehren. Manchmal sagen wir ihnen auch einfach nur, wie dankbar wir sind, dass es sie gibt. Aber auch ein kleines Zeichen der Liebe kann Leben schenken, genauso wie das kleinste Streichholz Licht in einen dunklen Raum bringen kann.

Wir haben festgestellt, dass es zwar immer mit Arbeit verbunden ist, am Sabbat ein Treffen oder eine gemeinsame Mahlzeit zu organisieren, aber Gäste zu haben gehört für uns zu den Dingen, die an diesem Tag wirklich Ruhe bringen und Leben spenden. Bevor Jesus kam, wäre das unerhört gewesen. Aber als er kam, stellte er die strenge und nicht wirklich Leben spendende Art und Weise infrage, wie die Menschen den Sabbat begingen.

Das Sabbatgebot ist das einzige Gebot, das Jesus und später auch Paulus infrage gestellt haben. Alle anderen Gebote schienen noch in Ordnung zu sein, aber das Sabbatgebot scheint nach Jesus optimiert und neu formuliert worden zu sein. Die Menschen hielten es auf eine gesetzliche Weise, und deshalb war es in den Augen der religiösen Anführer Sünde, wenn sie es nicht „korrekt" machten.[8]

Die Menschen hatten diese Sache damals missverstanden. Sie hatten den Sabbat zu einem unglaublich streng reglementierten Tag gemacht und stritten sich darum, was man an diesem Tag tun oder nicht tun durfte. Er wurde zu einer reinen Formsache. In dem Augenblick, in dem du über Kleinigkeiten streitest, was am Sabbat richtig oder falsch ist, liegst du ganz weit von dem entfernt, was der Sabbat eigentlich bezwecken soll. Die Menschen folgten damals zwar nach dem Buchstaben des Gesetzes, nicht aber seinem Geist.

Als wir 2014 in Jerusalem waren, fiel uns auf, dass immer noch viele Menschen ihre Aufmerksamkeit auf die korrekte Einhaltung der Details richten. Dort gibt es sogenannte Sabbat-Aufzüge, die während dieser 24 Stunden automatisch auf jedem Stockwerk halten. Daher kann ein orthodoxer Jude den Aufzug benutzen, ohne etwas Elektrisches zu berühren (wie zum Beispiel die Knöpfe) und so den Sabbat zu brechen, denn das würde als Arbeit gelten.

Jesus hat allerdings ziemlich deutlich gesagt, dass der Sabbat für den Menschen da ist und nicht der Mensch für den Sabbat. Es ist ein Tag, den Gott für uns geschaffen hat; wir sollten ihn nicht in einen Tag der Sklaverei verwandeln.

Dieser Tag ist ein Geschenk. Er ist zum Auftanken da. Er ist keine Last oder ein Gesetz, das man formal erfüllen muss. Es ist ein Tag, an dem wir in Gottes Gegenwart eintauchen dürfen und uns nicht alle fünf Minuten den Kopf darüber zerbrechen sollen, ob wir ihn durch irgendetwas gebrochen haben.

Wie wir in Kapitel 2 gesehen haben, war der Tempel ein Gebäude, aber Jesus hat die Tradition auf den Kopf gestellt und erklärt, dass der Tempel nur ein Schemen ist. Er selbst ist der wahre Tempel. Der Tempel ist überall dort, wo Jesus ist. Der Ort, an dem sich Himmel und Erde treffen, bewegt sich jetzt und atmet. Und wenn wir zu Jesus-Nachfolgern werden, trifft das auch auf uns zu.

Genauso verhält es sich auch mit dem Sabbat. Genauso wie Jesus den Tempel aus seinen vier Wänden herausholte, holte er auch den Sabbat aus diesem einen Tag heraus. Der Sabbat ist die Pfeilspitze, die auf die Erneuerung aller Dinge hinweist. Wenn wir Ruhe und Erfüllung und Gnade in überfließendem Maße erleben werden. Wenn wir den Sabbat ehren, weisen wir auf die Zukunft hin, in der das für immer wahr werden wird. Wenn Jesus alle Dinge neu machen wird, wird jeder Augenblick ein Sabbat-Augenblick sein.

Mit anderen Worten: Der Sabbat lädt zur Freude ein.

Wenn wir wissen, dass bei der vollständigen Wiederherstellung aller Dinge alles neu gemacht wird, dass es Freude ohne Ende und eine Feier und eine Festtafel geben wird, an der wir mit Jesus sitzen werden, dann wird das durch den Sabbat schon jetzt in kleinerem Ausmaß Wirklichkeit. Der Sabbat zieht diese zukünftigen Freuden ins Hier und Jetzt. Deshalb ist eine besondere Mahlzeit eine großartige Methode, um den Sabbat zu feiern. Sie bereitet Vergnügen. Sie schenkt Freude.

Mir gefällt die Vorstellung, dass es beim Sabbat einfach nur ums Spielen geht. Richtiges Spielen. Kannst du dich noch daran erinnern, wie du als Kind gespielt hast? Du bist hinausgegangen und hast dir unglaublich kreative Spiele ausgedacht, obwohl du nur eine Büchse oder einen Stock gehabt hast, und bist erst nach Hause gekommen, wenn es dunkel wurde. Dieses kindliche Spielen ist ein Anklang an die Ewigkeit. Wenn du spielst, bist du am Herzen Gottes. Du bekommst einen Vorgeschmack auf die Zukunft, denn letztlich wird es so sein, wenn der neue Himmel und die neue Erde kommen. Wir werden Jesus anbeten, und diese Anbetung wird uns richtig Freude bereiten, weil wir in alle Ewigkeit wissen werden, dass es das ist, wofür wir geschaffen wurden, und es wird spielerisch sein.

Im Matthäusevangelium heißt es, dass wir werden müssen wie die Kinder, wenn wir in Gottes Reich kommen wollen. Ich würde sagen, eines der herausragendsten Merkmale von Kindern, das nicht immer auf Erwachsene zutrifft, ist, dass sie wissen, wie man spielt. Diese Fähigkeit sollten wir nie verlieren. Sie ist ein Hinweisschild für die große Feier, bei der wir alle die Gäste des Königs sein werden.

Ist der Sabbat für dich ein Tag des Vergnügens oder ein Tag der Langeweile? Wobei tankst du innerlich so richtig auf? Wobei fühlst du dich wie neu?

Was auch immer du jetzt sagst – sofern es mit der Ethik des neuen Himmels und der neuen Erde in Einklang ist –, tu es. Male. Iss. Lache. Geh wandern.

Das ist Sabbat und das ist Anbetung.

# KAPITEL 6

# Anbetung ist anders, als du denkst

Du wirst, was du anbetest

**Während meiner Highschoolzeit spielte ich in der Baseballmannschaft.** Wir waren ziemlich gut – wir durften bei den Landesmeisterschaften um den Titel spielen und tauchten sogar bundesweit in der Tabelle der Besten auf. Während der Frühjahrsferien hatten wir ein paar Spiele, aber keinen Unterricht. Also gingen wir früh aufs Spielfeld, wärmten uns auf und hatten Zeit für ein paar freundschaftliche Wettkämpfe.

Bei einem der Trainingsspiele nutzten wir die Ballmaschine und keinen richtigen Pitcher. Ich war damals Centerfielder, und ein Mitspieler schlug den Ball in eine Lücke im rechten Centerfield. Ich sprintete zum Ball und merkte auf halbem Weg, dass ich ihn vielleicht fangen konnte, wenn ich mich hinwarf. Als ich näher kam, sprang ich, so weit ich konnte, und um noch ein paar Zentimeter zu gewinnen, drehte ich mich vom Ball weg und fing ihn überraschenderweise tatsächlich.

Das war vor acht Jahren. Aber ich sehe die Bilder immer noch in Zeitlupe vor meinem inneren Auge. Weil ich mich so ungeschickt drehte und den Ball etwas höher fing, landete ich mit dem rechten Arm vor meiner Brust unsanft auf dem Boden. Da hörte ich das lauteste Knacken, das mir jemals untergekommen ist.

Ich spürte sofort einen stechenden Schmerz, aber ich dachte, er würde in ein paar Sekunden nachlassen, wie bei so vielen

Verletzungen. Als ich aufzustehen versuchte, konnte ich meinen Arm buchstäblich nicht bewegen. Er hing nur schlaff an meiner Seite, während ich mich auf den Knien vor und zurück wiegte. Als der Trainer und ein paar andere zu mir kamen, wurde uns schnell klar, wie ernst die Sache war. Weil ich den Arm nicht bewegen konnte, mussten sie mir das Trikot vom Leib schneiden, um sich die Verletzung anzusehen. Mein Schlüsselbein befand sich vier oder fünf Zentimeter von der Stelle entfernt, an der es eigentlich sein sollte. Es war völlig zertrümmert.

Damit war für mich die Saison vorbei. Kein Baseball mehr. Kein Spiel mehr. Kein Spiel um die Landesmeisterschaft. Ich hatte mir mein Schlüsselbein so schlimm gebrochen, dass man mir zwei Metallplatten und zehn Schrauben einsetzen musste, um es wieder zu richten.

Danach hatte ich viel Zeit zum Nachdenken, denn in einem Krankenhausbett kann man nicht viel machen, außer Wackelpudding essen und sich irgendwelche Ratesendungen im Fernsehen anzuschauen. Das Seltsame daran war, dass ich in einem Sekundenbruchteil einen Teil meiner Identität verloren hatte, obwohl kein bleibender Schaden zurückblieb, aber das wussten wir damals noch nicht.

Ich hatte, seit ich denken kann, in Baseballmannschaften gespielt. Hatte Tausende von Dollar, tonnenweise Ausrüstung, Trainer, Fahrten, Zeit, Kraft, Schweiß investiert. Mein Leben drehte sich um Baseball. Er war die Säule, der Dreh- und Angelpunkt meines Lebens.

Und dann war in einem Augenblick alles weg.

So sind wir Menschen: Wir merken erst, welche Bedeutung eine Sache hat, wenn sie weg ist. Als mir der Baseball genommen wurde, merkte ich, dass ich ihn nicht nur mochte, ich betete ihn regelrecht an. Ich definierte mich über ihn. Ich beurteilte meinen Wert anhand meiner Leistungen. Er war mein Gott. Er war praktisch mein Erlöser.

Natürlich hätte ich das so nie gesagt, aber mein Leben ließ darauf schließen.

Wenn wir jetzt in den Garten Eden zurückschauen, sehen wir, dass wir Menschen dort einen ganz besonderen Platz einnahmen. Wir standen unter dem Schöpfer, aber über der Schöpfung. Wir waren nach Gottes Ebenbild erschaffen, was bedeutete, dass wir Fähigkeiten hatten, die sonst niemand besaß. Uns kam die Aufgabe zu, die Person widerzuspiegeln, die die Erde erschaffen hatte. Er hat uns diese Fähigkeit gegeben.

Die beste Erklärung, die ich je dafür gehört habe, ist, dass wir wie ein Spiegel sind, der um 45 Grad geneigt ist. Wir wurden geschaffen, um dort in der Mitte zu stehen. Gottes Herrlichkeit, seine Liebe und sein Ebenbild strahlen auf uns herab und wie ein geneigter Spiegel reflektieren wir diese Güte und Schönheit in die Welt hinaus.

Es funktioniert auch umgekehrt. Als Träger seines Ebenbildes ist es unsere Aufgabe, die Gärtner zu sein, genauso wie Adam, bevor er die Frucht aß. Wir sollen aus Rohstoffen etwas Kreatives und Schönes machen und es dann in Anbetung zu Gott bringen. Ein Gärtner formt, bebaut, pflanzt und verleiht damit etwas einen Wert, das vorher keinen Wert hatte.

Instrumenten Töne zu entlocken und so Musik zu machen.

Aus Gemüse und Kräutern eine wunderbare Mahlzeit zu bereiten.

Aus Farbe und Leinwand ein Kunstwerk zu schaffen.

Das ist übrigens auch die Definition für einen Priester – jemand, der etwas nimmt und es im Namen anderer Gott als

Dankopfer darbringt. Es ist unsere Aufgabe, diese Welt – Schönheit, die aus Chaos entstand – anbetend wieder zu Gott zu bringen. Wenn wir die Schönheit und Güte des Schöpfers in die Welt hinaus reflektieren, erfüllen wir diese Aufgabe, und wenn wir die Welt durch unseren Spiegel wieder zu Gott bringen, erfüllen wir diese Aufgabe ebenso.

Aber in dem Augenblick, in dem Adam und Eva die Frucht gegessen haben, ist der Spiegel zerbrochen. Er spiegelt immer noch etwas wider, aber wir wissen, dass ein zerbrochener Spiegel das Spiegelbild nicht *richtig* wiedergibt. Wir spiegeln nicht mehr nur Gott wider, sondern spiegeln wie Glasscherben auch jene erste Sünde wider: das Verlangen, so sein zu wollen wie Gott. Wir spiegeln das Böse, Chaos, Machtgier, Habsucht, Korruption und Sucht wider.

All das kann man auf Anbetung zurückführen. Als die Sünde in diese Welt kam und der vollkommene Kosmos zerbrach, entstand ein Vakuum. In unserem Leben herrschte zuvor Schalom. Wir lebten in einem blühenden Garten, auf einer Erde voller Schönheit, Kunst und erstaunlicher Farben. Wir waren durch und durch heile Menschen. Wir kannten Gott und lebten mit ihm in diesem Garten. Unser Leben drehte sich um Gott und alles, was er uns anbot – Güte, Schönheit, Frieden und Rhythmus.

Aber als das Ganze zerbrach, war unser Zentrum plötzlich leer. Und es wurde durch etwas anderes ersetzt. Wie bei jedem Vakuum wurden alle möglichen Dinge hineingesogen. Gott war nicht mehr in unseren Herzen, und so konnte es leicht passieren, dass das Erstbeste, das uns über den Weg lief, seinen Platz einnahm. Wir nahmen die Schöpfung und erhoben sie über den Schöpfer. Die Dinge, die wir beherrschen sollten, beherrschen jetzt uns, und die Dinge, die wir erschaffen und bewahren sollten, machen uns jetzt zu ihren Sklaven und beherrschen uns. Das Herrschaftssystem des Garten Eden wurde umgekehrt. Wir herrschten nicht mehr, wir wurden Sklaven.

Daran hat sich bis heute nichts geändert. Alles Mögliche buhlt um unsere Aufmerksamkeit. Alles will alles von uns haben: Sex, Schönheit, Sicherheit, Sport, Geld, Selbstwertgefühl.

Wenn wir außerhalb von Gott nach Erfüllung suchen, werden diese Dinge zu unserem Ein und Alles. Baseball war für mich kein Sport, es war mein Gott – und das ist ein Riesenunterschied.

Die Definition eines Götzen lautet: etwas, das dir verspricht, was nur Gott geben kann. Es spricht unsere guten Sehnsüchte an – wie Liebe, Vertrautheit, Erfüllung, Sinn –, verdreht sie dann aber und macht daraus einen Gott. Es hebt die Erfüllung dieser Sehnsüchte auf den Thron und wird dann zu unserem Herrn.

## Wir sind wie Statuen aus der Hauptstadt

Bei Ausgrabungen in antiken Hauptstädten findet man dort kaum Statuen von irgendwelchen Göttern oder Herrschern. In Rom fand man zum Beispiel kaum Statuen der römischen Kaiser. Die meisten Herrscherstatuen fand man in den Kolonien, weit entfernt von der Hauptstadt.

Mithilfe von Statuen oder Bildnissen verkündete man, wer hier herrschte. Egal, ob es eine riesige Statue oder ein Antlitz auf einer Münze war: Die Menschen wussten, wer ihr Herr war, wenn sie sein Gesicht sahen – selbst wenn dieser Herrscher vielleicht noch nie an diesem Ort gewesen war. Eine Statue in einer Kolonie, die über tausend Kilometer von Rom entfernt war, verkündete, dass der Kaiser ihr Herrscher war. Sie diente als Abbild und Mahnung.

Und wir sind ebenso Statuen. Wir sind als Träger seines Ebenbildes hier auf der Erde lebende, atmende Statuen des himmlischen Herrschers. Das Problem ist nur, dass wir, anders als Statuen, uns abwenden und Nein sagen können.

Nein, ich will dich nicht anbeten. Nein, ich will dich nicht repräsentieren. Nein, ich will dich nicht widerspiegeln. Die Bibel verwendet dazu Aussagen wie, Gott hat uns falschen Göttern, Götzen und der Anbetung der Schöpfung statt des Schöpfers „hingegeben".

Jedes Mal, wenn wir diese Entscheidung treffen, hat das zwei entscheidende Folgen: Erstens sind wir nicht mehr in der Lage, ihn angemessen widerzuspiegeln, und zweitens werden wir wie die Götzen, die wir anbeten.

Denk noch einmal an die Statuen in den Kolonien. Wenn Rom eine Kolonie aus irgendwelchen Gründen „aufgab" und die Statuen dort nicht mehr gepflegt und gereinigt wurden, verfielen sie mit der Zeit.

Und das Gleiche gilt für lebende Statuen: Wenn man sie von ihrer Quelle „abschneidet" bzw. wenn sie sich selbst von ihrer Quelle „abschneiden", erkennen sie nicht, dass sie sich genau von dem lossagen, was ihnen ihr Sein verleiht. Wenn Rom einige Statuen aufgibt und sie nicht mehr pflegt oder sie sich selbst „hingibt", werden diese Statuen schon bald nicht mehr Rom repräsentieren. Sie werden nur noch Trümmer aus Stein oder Marmor sein.

Wenn wir beschließen, etwas anderes als Gott anzubeten, geschieht genau das Gleiche mit uns. Wir fangen an, genau das zu verlieren, was uns als Menschen ausmacht. Unser Menschsein fängt an zu bröckeln. Als Ebenbilder von Gott haben wir eine Bedeutung, aber wenn wir diese Verantwortung niederlegen, verlieren wir diese. Unsere Herrlichkeit verfällt. Wir sind nur noch Ruinen dessen, als was wir erschaffen wurden.

Solange wir leben, werden wir dieses Ebenbild Gottes natürlich nie ganz verlieren. Ganz gleich, wie sehr du daran kratzt, nagst oder zerrst, du wirst das Ebenbild Gottes nie ganz abbekommen. Es bleibt immer noch ein Rest Herrlichkeit, egal, wie sehr du es auch versuchst. Aber einem Prinzip können wir uns niemals entziehen: Wir werden niemals davon frei sein, ein Ebenbild zu sein – wir werden immer etwas oder jemanden widerspiegeln oder ihm ähnlich werden.

Wenn der Himmel auf die Erde trifft, scheint es, als würden wir Gott selbst widerspiegeln. Aber wenn wir Gott fernhalten wollen, müssen wir nur etwas anderes als unseren höchsten Gott verehren. Genau wie die Statue, sind wir dann sofort von unserer Quelle abgeschnitten, und das nimmt uns unser Menschsein.

Hier eine beängstigende Frage, die wir uns aber stellen müssen: Was würde aus dir werden, wenn man dir das, was dich als Menschen ausmacht, nämlich das Ebenbild Gottes, nehmen würde?

In seinem Roman *Die große Scheidung* beschreibt C. S. Lewis die Hölle als das, was passiert, wenn dieses Ebenbild Gottes völlig verschwindet. Der Himmel wird von „wirklichen Menschen" bewohnt, die Hölle dagegen von „geisterhaften Gestalten". Im Himmel hat alles eine Bedeutung, die so echt ist, so schwer, dass sie die Geister schmerzt. In der Hölle leben alle Hunderte von Kilometern voneinander entfernt. Und die Hölle ist vage, dünn und geisterhaft. Aber der Himmel ist dicht und im Verhältnis zur Hölle riesig. Die Körper haben Gewicht, als wären sie für diesen Ort geschaffen.

Wenn die Menschen aus der Hölle den Himmel besuchen, ist für sie sogar das Gras zu wirklich, um darauf zu laufen. Es schmerzt sie, weil sie *entmenschlicht* sind. Weil sie sich selbst und andere Dinge anbeten wollten, wurde das, was sie als Menschen ausmacht – nämlich Gottes Ebenbild in ihnen – abgekratzt. „Die Wirklichkeit ist rau für die Füße der Schatten.“[1] Sie tragen dieses Ebenbild nicht mehr in sich. Sie haben das Gewicht der Herrlichkeit nicht mehr. Sie sind jetzt weniger als Menschen, weniger als Ebenbilder.

Und das ist die logische Folge des Götzendienstes. Er macht gewissermaßen gemeinsame Sache mit dem Bösen, um uns unser Menschsein zu rauben, damit wir Dinge anbeten, die nicht Gott sind. Wenn wir so leben, dass wir dadurch das Ebenbild Gottes in uns zurückweisen, das uns gerade zu Menschen macht, dann wird die Hölle zu dem Ort, an dem Gott schließlich „Wie du willst“ sagt. Und das führt uns zur zweiten Konsequenz: Wenn Gott nicht mehr das Ebenbild ist, um das wir uns drehen, dann werden wir wie das, was seinen Platz stattdessen eingenommen hat.

Entweder beten wir Gott an und werden ihm ähnlich, oder wir beten etwas anderes an und werden dem ähnlich. Als zum Beispiel Baseball mein Ein und Alles war, bemerkte ich, wie ich mich langsam, aber sicher immer mehr über meine Statistiken definierte. Baseball ist ein Spiel mit vielen Statistiken und so wurde meine Persönlichkeit immer mehr von diesen Zahlen bestimmt. Ich war nicht in erster Linie Mensch, ganz egal, wie ich spielte; ich war, was auch immer ich gerade für einen Tag auf dem Spielfeld hatte – an schlechten Tagen ein Nichts und an guten Tagen aufgeblasen.

Ein weiterer Götze in meinem Leben war der Sex. Pornografie führte mich auf einen scheinbar verheißungsvollen Weg, der aber in Verzweiflung endete. Und der ungeheuren Anzahl von E-Mails nach zu urteilen, die ich in Bezug auf dieses Thema bekomme, weiß ich, dass ich nicht der Einzige bin, dem es so geht.

Wir bezeichnen uns vielleicht selbst als Christ oder Muslim oder Buddhist, aber ich behaupte mal, dass die größte Religion auf dieser Welt die sexuelle Erfüllung ist. Wir leben in einer Gesellschaft, die so darin verwurzelt und so süchtig danach ist, dass wir es gar nicht mehr mitbekommen.

Du glaubst mir nicht?

- 8 % des E-Mail-Verkehrs weltweit (2,5 Milliarden E-Mails täglich) beinhalten pornografisches Material.
- Jede vierte Anfrage über eine Suchmaschine hat mit Pornografie zu tun (das entspricht 68 Millionen Suchanfragen täglich).
- 40 % der deutschen Kinder suchen im Internet nach pornografischen Inhalten.
- 35 % aller Downloads aus dem Internet haben pornografische Inhalte.[2]

Sex kann zu einem Götzen werden. Und wie bei jedem Gott wirst du wie er, wenn du ihn anbetest.

Diese Erkenntnis ist übrigens dreitausend Jahre alt: „Genauso starr und tot sollen alle werden, die diese Götzen schufen, und auch alle, die solchen Götzen vertrauen!“[3]

Du wirst wie das, was du betrachtest. Du wirst zu dem, was du anbetest. Worauf du deinen Blick richtest, das färbt auf dich ab. Alles nimmt das Aussehen des Götzen an. Heutzutage sehen so viele Männer Frauen nicht als Wesen, die als Ebenbild Gottes erschaffen wurden und von Natur aus Würde haben, wertvoll und kostbar sind. Stattdessen sehen sie sie als Objekte. Sie entmenschlichen sie, weil sie so viele Stunden vor dem Computer verbringen, um ihre Fantasien zu befriedigen, die diese Lüge nähren. Frauen sind nur dazu da, um das Verlangen der Männer zu befriedigen. Aber die Betreffenden merken gar nicht, dass sie selbst hohl und leer werden, wenn sie einem Mädchen, einer Frau ihr Menschsein absprechen. Ihr Menschsein zerfällt. Sie werden selbst zu bloßen Objekten. Sie untergraben ihre eigene Würde, ihre Schönheit und den Überrest der Gottesebenbildlichkeit und werden zu Schachfiguren oder Ware.

Wenn du Sex anbetest, siehst du keine Menschen mehr, du siehst nur noch Objekte.

Wenn du Geld anbetest, siehst du keine Menschen mehr, du siehst nur noch Geschäfte.

Wenn du Macht anbetest, siehst du keine Menschen mehr, du siehst nur noch Untertanen.

Und du wirst selbst zu einem von diesen Dingen.

## Wir alle beten etwas an

Als ich auf eine nichtchristliche Uni ging, war Jesus für die Menschen in meinem Umfeld ziemlich attraktiv. Sie hörten gern etwas darüber, dass er uns mit Gnade begegnet, und hatten keine Zweifel an dem, was er lehrte. Aber wenn ihnen klar wurde, dass Jesus alles von ihnen wollte, wurden sie meistens sauer.

Wenn sie die Bibelstellen lasen, in denen Jesus Menschen auffordert, alles aufzugeben, sich von allem, was sie kennen, zu verabschieden, regten sie sich auf.

*Wie kann er nur!? Wer glaubt er eigentlich, dass er ist?*

Sie flippten immer aus, weil sie glaubten, Jesus hätte kein Recht, alles von ihnen zu verlangen oder zu fordern, dass sie ihm ihr gesamtes Leben, ihre Wünsche und Leidenschaften zu Füßen legten.

Ich habe nie verstanden, warum sie nur auf Jesus wütend waren. Jesus ist nicht der Einzige, der alles von seinen Nachfolgern fordert. Genau gesagt fordert alles andere auch alles von uns.

Alles will dein Leben, dein Alles, das letzte bisschen deiner Treue.

Macht will das. Sexuelle Erfüllung will das. Sport will das. Dein Lebensgefährte will das. Dein Job will das. In dieser Hinsicht ist Jesus nicht einzigartig. Was an ihm so einzigartig ist, ist, dass er zuerst alles aufgegeben hat. All die anderen Dinge bedienen sich unserer Angst und falscher Versprechungen und zwingen uns, um das zu bekommen, was sie wollen.

Jesus ist der Einzige, der zuerst sein Leben für dich gegeben hat, bevor er deines fordert. Er geht uns nach, stirbt, gibt alles auf und ruft uns dann zu sich. Ohne Gewalt. Er umwirbt uns nur. Seine Liebe ist so groß, dass wir gar nicht anders können, als unser Leben ebenfalls hinzugeben. Es ist die einzig angemessene Antwort, wenn wir verstehen, wie groß sein Opfer für uns war.

Gott erklärt in der Bibel, wie nutzlos diese Götzen in Wirklichkeit sind: „Doch ihre Götter sind nur Figuren aus Silber und Gold, von Menschenhänden gemacht. Sie haben einen Mund, aber reden können sie nicht; Augen haben sie, doch sie können nicht sehen.“[4] Diese Götzen können uns nicht retten, wenn wir sie um Hilfe bitten. Sie sind tot. Das Paradoxe an einem Götzen ist, dass, anders als bei Jesus, erst der Anbeter ihm Macht verleiht. Wir sind diejenigen, die den Götzen zum Leben erwecken. Alkohol kann nur dann ein Gott sein, wenn wir ihn dazu machen. Geld kann nur dann ein Gott sein, wenn wir es anbeten. Aber Jesus ist König und Herr, ganz gleich, was wir tun.

Er ist es wert, dass ich ihm mein Leben gebe.

Manche von uns geben sich stattdessen immer noch mit Götzen zufrieden, auch wenn wir uns dessen nicht bewusst sind. Wir lachen über die Stellen im Alten Testament, in denen die Menschen Dinge und Schaubilder anbeten, als wären wir aufgeklärter und würden so einen Blödsinn nie tun. Und doch hat sich nichts geändert. Nur treten unsere Götzen heute in einem anderen Gewand auf.

Wann hat dich der Alkohol zum letzten Mal wirklich befriedigt? Wann hat er dir zum letzten Mal vergeben? Dir Freude bereitet? Dich ganz und gar geliebt? Das kann er gar nicht. Wir haben ihn mit unseren eigenen Händen selbst erschaffen.

Vielen Menschen ist nicht klar, dass alles ein Götze sein kann. Auch gute Dinge, wie Beziehungen oder die Arbeit. Das Problem ist, dass auch aus „gut" „Gott" werden kann.

Vor allem junge Menschen laufen Gefahr, ihr Leben ganz auf den Lebenspartner auszurichten. Plötzlich wird im Herzen ein Schalter umgelegt, und wir fangen an, unsere Zufriedenheit, unseren Wert und unsere Identität von dieser einen Person abhängig zu machen.

Gott ist gegen Götzen, denn wenn Ordnung in allen Bereichen unseres Lebens herrscht, können wir ihn und all diese Dinge am besten genießen. Wenn wir jemand anderen zu unserem Götzen machen, dann erdrücken wir denjenigen damit. Nur einer hat wirklich die Fähigkeit, Gott für uns zu sein, und das ist Jesus.

Wenn wir Jesus anbeten, können wir den anderen sogar noch mehr lieben, weil das Zentrum unseres Lebens nicht an den anderen gebunden ist oder durch ihn definiert wird. Wenn uns jemand wütend macht, muss das kein Weltuntergang sein, sondern wir können mit Liebe, Gnade und Vergebung antworten, weil wir unseren Selbstwert von Gott beziehen und nicht von dieser Person.

Andere zu unserem Götzen zu machen funktioniert auch deshalb nicht, weil Menschen sterben. Ich habe einmal einen Pastor sagen hören, dass er, wenn seine Frau eines Tages sterben sollte, ganz sicher trauern werde, aber er wolle nicht vor ihrem Sarg herlaufen und klagen: „Mein Gott ist tot.“ Wenn wir unser Leben fest bei Jesus verankert haben, können wir eine solche Situation am besten durchstehen.

Götzen sind unbeständig und wankelmütig. Gleich, ob es ein Mensch, Alkohol, Sex oder irgendetwas anderes ist – diese Dinge sind grausame, unerbittliche Götter. Für mich war Baseball ein ganz besonders unbeständiger Gott. Mein Schlagdurchschnitt ging hoch und runter. Meine Leistung schwankte. Ich hatte gute Tage und ich hatte schlechte Tage. Mein Götze war unbarmherzig, wenn ich die Leistung nicht brachte, und auf meiner Seite, wenn ich sie brachte. Das klingt ganz nach den schizophrenen Göttern des Altertums, bei denen die Menschen immer Angst hatten, sie zu verärgern. Aber Gott ist beständig. Er vergibt immer. Er liebt immer. Er verändert sich nie.

Eine der auffälligsten Eigenschaften eines Götzen ist, dass wir blind dafür sind, ihn als solchen zu erkennen. Er scheint etwas ganz Normales zu sein.

Und das ist das Faszinierende an einem Götzen, das, was ihm Macht verleiht: dass wir meistens gar nicht merken, dass wir einen haben, bis er angegriffen oder uns genommen wird. Es gibt einen einfachen Weg, um herauszufinden, ob etwas für uns zum Götzen geworden ist: Wir müssen ihn verärgern. Wenn eine Sache ein Götze ist, wird er dir die Zähne zeigen. Er wird dich in die Wade beißen. Das tun sie immer.

Aber Jesus muss sich nicht verteidigen. Er hat sich nie verteidigt, sondern sich als Opfer hingegeben und dadurch das Böse besiegt (genau in dem Moment, in dem alle dachten, das Böse hätte gewonnen!).

Charles Spurgeon hat das am besten in Worte gefasst: „Das Evangelium ist wie ein Löwe im Käfig. Man muss es nicht verteidigen, man muss es nur aus dem Käfig lassen." Das Geheimnis von Jesus ist genau wie das Geheimnis in Offenbarung 5. Er wird der Löwe aus dem Stamme Juda genannt, aber als Johannes hinschaut, sieht er ein Lamm, das geschlachtet worden ist. Jesus ist ein mächtiger, siegreicher Löwe, aber er hat diesen Sieg errungen, indem er zu dem Lamm wurde, das geschlachtet wurde.

Mögen wir Menschen sein, die genau wie die Lebewesen, die um den Thron herumstehen, das Lamm anbeten und sein Lob singen: „Lob und Ehre, alle Herrlichkeit und Macht gehören dem, der auf dem Thron sitzt, und dem Lamm für immer und ewig!"[5]

KAPITEL 7

# Das Reich Gottes ist woanders, als du denkst

Es ist nicht oben im Himmel, es existiert hier und jetzt

**Sohn Gottes.**

König der Könige.

Herr der Herren.

Das waren die Titel eines Mannes, der vor 2 000 Jahren lebte. Er wurde sogar „Erlöser" genannt, weil er der Welt Frieden bringen sollte. Er war Gott und Mensch zugleich, und man wollte sogar, dass unsere Zeitrechnung sich an ihm orientieren sollte. Das einzige Problem ist, dass dieser Mann tot ist und sein Reich untergegangen.

Wer er war? Kaiser Augustus.

Hast du etwa gedacht, ich hätte jemand anderen gemeint?[1] Dann hast du falsch gedacht.

Das war die Atmosphäre, die im 1. Jahrhundert herrschte. Alle möglichen Leute versprachen Frieden, Ordnung und Sicherheit, aber nur der Kaiser hatte das Recht dazu. Als Jesus verkündete, er sei der Herr und der König, war die Gegenreaktion explosiv, umwälzend und aggressiv, denn wenn Jesus der König war, konnte der Kaiser es *nicht* sein.

Die Verwendung von Begriffen aus dem Bereich des Herrschens war für die Menschen im 1. Jahrhundert normal, und so tauchen diese im Neuen Testament häufig auf, fast ohne dass wir es merken.

Wenn wir die Evangelien lesen, wird ziemlich deutlich, dass die Predigten dort ganz anders klingen als die, die wir heute hören. Es gibt nicht viele Einladungen, Jesus nachzufolgen, wie wir sie fast jeden Sonntag hören. Wir präsentieren Jesus und enden dann gewöhnlich etwa so: „Nimm Jesus in dein Herz auf, dann kommst du in den Himmel, wenn du stirbst."

Etwas, mit dem ich nie wirklich klargekommen bin, ist die Tatsache, dass man, wenn man die Apostelgeschichte liest, die von der Kraft und den Kämpfen der Jesus-Bewegung unmittelbar nach seiner Auferstehung berichtet, nie etwas von unserer Version des Evangeliums liest. In keiner der acht langen Predigten in der Apostelgeschichte ist überhaupt vom Leben nach dem Tod die Rede! Es geht immer nur um das Hier und Jetzt. Jesus ist der neue Herrscher der Welt, sagen die Apostel, und wir sollten dementsprechend leben.

Aber wenn wir in den DeLorean steigen (noch mal ein Gruß an Marty), 2 000 Jahre in die Vergangenheit reisen und dort unsere Version des Evangeliums präsentieren würden, hätte niemand ein Problem damit. Wenn man im 1. Jahrhundert jemandem erzählt hätte, dass er an Jesus glauben muss, damit er in den Himmel kommt, wenn er stirbt, hätte der Betreffende wahrscheinlich gesagt: „Klar. Klingt toll. Mach ich. Wir leben schließlich im 1. Jahrhundert, wir sind ja tolerant."

Und niemand hätte ein Problem damit gehabt, anderen zu erzählen, dass sie nach dem Tod an einen besseren Ort kommen können. Und trotzdem wurden die Jesus-Nachfolger ausgelacht, ins Gefängnis geworfen, geschlagen und in vielen Fällen brutal ermordet.

Warum wurden in dieser pluralistischen Gesellschaft die Jesus-Nachfolger also wie Staatsfeinde behandelt? Den Löwen zum

Fraß vorgeworfen? Zum Spaß getötet? Mit allen Mitteln unterdrückt?

Wenn jemand Menschen dazu aufgefordert hätte, Jesus in ihr Herz zu lassen, hätte das wohl niemand das Leben gekostet.

Aber diese vier Worte schon: *Jesus ist der Herr.*

Heutzutage fällt es uns schwer, das nachzuvollziehen. Hier im Westen reden wir die ganze Zeit schlecht von unseren Regierenden. Das ist keine große Sache. Es ist normal und auch ganz clever. Schließlich wollen wir nicht, dass es so aussieht, als würden wir ihnen blind folgen. Aber Rom und die Antike allgemein waren keine Republiken. Es herrschten überall Diktatoren, die die höchste Macht für sich beanspruchten. Wer sie ihnen nicht zugestand, wurde meist geschlagen, gefoltert oder getötet. Blasphemie war Hochverrat.

Wenn du also im Neuen Testament liest: „Jesus ist der Herr", dann war das kein gut klingender Spruch für ein frommes Lesezeichen. Das war eine Kriegserklärung, wie meine Mutter immer sagt. Denn jedes Mal, wenn jemand „Jesus ist der Herr" sagte, sagte er damit auch:

„Der Kaiser ist nicht der Herrscher."

„Jupiter ist nicht Gott."

„Geld, Sex und Macht regieren nicht."

Diese kleine Gruppe Menschen lief also herum und erklärte allen, dass Jesus der König und Herr ist und über alles herrscht und regiert und dass alle anderen nur Lachnummern sind. Diese Behauptung war gefährlich!

Es gibt einen Gott, nicht viele. Jesus ist der König. Und das *ist* eine gute Nachricht. Das ist das Evangelium.

Wenn wir das Neue Testament lesen, dann stellen wir fest, dass die ersten Christen zwei Botschaften hatten:

1. Jesus ist der Herr und
2. das Reich Gottes ist nah. Unmittelbar nach der Beschreibung, wie Jesus in der Wüste auf die Probe gestellt wurde, zitiert Matthäus Jesus mit den Worten: „Kehrt um zu Gott! Denn jetzt beginnt seine neue Welt!“[2]

Das war natürlich nicht der einzige Satz, den Jesus während seines Dienstes gesagt hat, aber Matthäus behauptet, dass das einer der Schwerpunkte seiner Botschaft war: Das Himmelsreich ist nah.

Ein Königreich ist jeder beliebige Ort, der von einem König regiert wird. Es ist ein Herrschaftsgebiet, der Bereich einer Regierungsmacht. Jesus behauptet, dass Gottes Reich – der Ort, an dem Gott regiert und herrscht – in seiner Person angebrochen ist. Er ist der Gott Israels, der zu seinem Volk kommt und sein Versprechen Wirklichkeit werden lässt: seine Herrschaft in dieser Welt aufzurichten.

In meiner Jugend dachte ich immer, dass wir als Christen darauf hoffen dürfen, eines Tages „evakuiert“ zu werden – dass ich eines Tages in den Himmel entrückt werde und diese hässliche, böse Erde zurücklassen kann. Aber vom ersten Satz an ist deutlich, dass es Gott um Wiederherstellung geht. Er will nicht, dass wir gehen. Er will persönlich hierherkommen, sodass sein Reich und seine Herrschaft sich auch auf unsere Finanzen, unser Studium, unsere Sexualität oder unsere Arbeit erstrecken. Damit Gott wirklich mitten unter uns wohnt.

Zu meinen Lieblingsfilmen gehören auch die beiden *Thor*-Filme von *Marvel*. Thor ist ein Gott von einem anderen Planeten, der ungeheuer stark ist und einen großen Hammer hat. In beiden Filmen macht Thor immer eine ganz bestimmte Bewegung.

Wenn er kämpft, springt er manchmal ganz hoch in die Luft, hebt den Hammer, kommt dann wieder herunter und lässt den Hammer auf die Erde krachen. Wegen seines Gewichts und der Kraft des Hammers bildet sich ein Krater, und dann breitet sich die Kraft wellenförmig aus und haut jeden in seiner Reichweite um.

So stelle ich mir Gottes Reich vor. Wir denken oft, dass Gottes Reich etwas rein Spirituelles sei. Aber es hat ein Gewicht und eine Macht, auch wenn es friedlich ist. Jesu Gnade, seine Güte und Liebe wiegen schwer. Und als er sie durch seinen Tod und seine Auferstehung freigesetzt hat, gab es eine solche Wellenbewegung. Gott sagte damit: „Jetzt herrsche ich und mein Königreich beginnt jetzt." Jeder in Reichweite wurde von der Macht dieser Liebe, Gnade und Heilung getroffen.

Das Reich Gottes ist mächtig.

Eine sonderbare Geschichte im 8. Kapitel des Matthäusevangeliums handelt von einem Aussätzigen, der zu Jesus kommt, sich vor ihn hinkniet und sagt: „Herr, wenn du willst, kannst du mich heilen!"[3] Schon im Alten Testament war Aussatz eine grausame Hauterkrankung, aufgrund derer die Kranken völlig aus der Gesellschaft ausgeschlossen wurden. Sie waren Ausgestoßene. Die meisten Menschen glaubten, sie hätten sich die Krankheit dadurch zugezogen, dass sie gesündigt hätten oder Gott auf sie wütend sei.

Leider ist es der Kirche nicht besonders gut gelungen, die Einladung zum Reich Gottes, die alle Menschen einschließt, glaubhaft zu verkünden. Ich habe in Europa Kirchen gesehen, in deren Außenmauern Scharten eingelassen waren, durch die die niederen sozialen Klassen, die Ausgeschlossenen oder „Unreinen" dem Gottesdienst folgen konnten, ohne hereinzukommen und die anderen anzustecken.

Aber das Verrückte an der Geschichte in Matthäus 8 ist, dass Jesus die Hand ausstreckt und den Mann *berührt*. Und dabei hatte der Mann Aussatz! Jeder Jude hätte gewusst, dass diese Berührung ihn selbst unrein machte und von den religiösen Zeremonien ausschloss.

Aber dieser Rabbi streckt die Hand aus und berührt ihn. Im Bruchteil einer Sekunde beschließt der reinste Mensch der Welt und der gesamten Menschheitsgeschichte, mit einem Unreinen „zusammenzustoßen". Und weißt du, was passiert? Jesus gewinnt. Es heißt, dass der Kranke nach der Berührung durch Jesus „im selben Augenblick [...] von seiner Krankheit geheilt" war.[4]

Das war ein echter Skandal, denn bis dahin hatte immer die Unreinheit gewonnen. Zum ersten Mal steckt der Reine den Unreinen an. Jesus hat eine Kraft, eine Energie, eine Heiligkeit an sich, die von ihm zu jedem ausgeht, der ihn berührt. So sieht das Reich Gottes aus: Eine Kraft wird freigesetzt und Gottes Herrschaft bricht mitten in der alten Schöpfung durch.

Die gute Nachricht der Bibel ist, dass sich alles verändert, sobald du Gottes Reich betrittst und dich unter seine Herrschaft stellst.

Manche Menschen glauben, man könne sich beim Christentum die Aspekte herausfischen, die einem zusagen. Man könne sich also für Jesus entscheiden oder eben nicht, es würde aber nicht viel ändern. Wenn du verstanden hast, welche Kraft in dem Satz „Jesus ist der Herr" steckt, dann verstehst du auch, dass unsere Antwort auf die Einladung, Bürger seines Reiches zu werden, von größter Bedeutung ist. Denn dann steht uns die Kraft dieses Reiches zur Verfügung, wo auch immer wir hingehen.

Wer ist also dein König? Beugst du dich vor etwas anderem als vor Gott?

Stell dir einmal vor, du würdest im 1. Jahrhundert unserer Zeitrechnung leben, und zwar in einem Land, das gerade zu einer römischen Kolonie geworden ist. Wie immer schickt das Kaiserreich einen Boten, der mit einer Schriftrolle in der Hand auf dem Marktplatz eurer Stadt steht und ausruft, dass auf Geheiß des Kaisers „verkündet wird, dass er der neue Herrscher über eure Stadt ist".

Aber es ist sehr unwahrscheinlich, dass dieser Bote auftaucht und sagt: „Hört mal alle her. Der Kaiser ist zwar der neue Herrscher, aber an eurem Leben wird sich nicht wirklich was ändern. Ihr könnt so weiterleben wie bisher. Wenn ihr den Kaiser als euren Herrn anerkennen wollt, kommt doch nächste Woche noch mal vorbei. Dann gibt es eine Informationsveranstaltung, auf der wir euch sagen, wie das im Einzelnen aussieht."

Das ist lächerlich, oder? Herrscher tun so etwas nicht. Der römische Kaiser war der Herrscher, *ganz gleich*, wie die neue Kolonie dazu stand. Entweder akzeptierten sie diese Wahrheit oder sie waren Aufrührer.

Was Jesus verkündet hat, war im Grunde das Gleiche, nur noch besser, weil er der wahre König ist. Dass Jesus der Herr ist, ist die beste Nachricht überhaupt, aber auch die können wir annehmen oder nicht. Der Unterschied ist nur, dass wir nicht getötet werden, wenn wir nicht gehorchen. Wir erkennen bloß nicht, dass wir uns gegen die Möglichkeit auflehnen, die wahre Liebe kennenzulernen.

Dieser Jesus, der für seine Feinde gestorben ist und seine neue Welt mit seiner Auferstehung eingeweiht hat, ist die Liebe schlechthin (das lesen wir im 1. Johannesbrief über Gott: Er ist Liebe). Das bedeutet, wir rebellieren, wenn wir Nein sagen. Aber Nein zu sagen heißt, Nein zu sagen zur Liebe, zum Menschsein, zum Aufblühen und zu all der Schönheit und Gnade und Vergebung, die so charakteristisch sind für Gottes Reich. Wir sind wie Verhungernde, die das Brot ablehnen, weil sie kein Almosen annehmen wollen.

Aber wenn wir die wunderbare Einladung, dass das Reich Gottes nah ist, annehmen, begeben wir uns auf eine Reise. In dem Augenblick, in dem wir Jesus als unseren König annehmen, prallt sein Königreich auf unseres.

Während des Studiums bin ich oft bis drei Uhr morgens aufgeblieben, dann todmüde in die Vorlesung getorkelt und habe den Schlaf mitten am Tag nachgeholt. Ich habe mein Zimmer im Wohnheim immer einigermaßen aufgeräumt, aber nicht immer sauber gemacht. Ich mag es, wenn alles am richtigen Platz ist, aber ich mache mir keinen Kopf darum, dass ein Raum auch von Zeit zu Zeit mal von Grund auf gereinigt werden müsste. Auf der Uni lebte ich so, wie ich Lust hatte. Ich hatte meinen eigenen Rhythmus und meine ganz besonderen Gewohnheiten.

All das hat sich verändert, als Alyssa und ich heirateten. Als wir vor dem Altar standen, prallten unsere beiden Reiche aufeinander. Wir mussten unsere Sphären, die Art und Weise, wie wir unser Leben regeln, neu strukturieren und ordnen. Wir mussten von vorn anfangen. Wir mussten uns neu orientieren. Plötzlich drehte sich alles nur noch um unsere Identität als Ehepaar.

Das Problem ist nur, dass das nicht so leicht ist. Wenn man heiratet, merkt man erst einmal, wie sehr man in seinem eigenen kleinen Reich lebt. Du glaubst, du seist nicht selbstsüchtig? Du glaubst, du seist nicht ungeduldig? Du meinst, du seist flexibel? Dachte ich auch. Bis ich geheiratet habe. Wenn du übrigens noch nicht verheiratet bist, dann warte einfach bis zum zweiten Tag deiner Ehe, wenn die Diskussion darüber losgeht, wo der

Mülleimer stehen soll, wie herum man die Toilettenpapierrolle aufhängt und so weiter.

Alyssa und ich mussten lernen, uns eine neue Lebensweise anzueignen. Rechtmäßig verheiratet zu sein war nicht unser Ziel. Das ist nur die formale Bezeichnung. Die wahre Ehe beginnt dann, wenn zwei Leben zusammenprallen und sich vermischen, bis wir Stück für Stück und Augenblick für Augenblick immer mehr zu einer neuen Person werden.

Viele Christen geben sich aber mit der formalen Bezeichnung zufrieden. Wenn wir eine Beziehung mit Jesus eingehen, werden wir Christen. Wir bekommen die formale Bezeichnung und die entsprechende Identität – das ist genauso wie damals, als ich mit Alyssa eine Beziehung einging und wir schließlich heirateten.

Es dauerte nicht lange, bis ich erkannte, wie selbstsüchtig ich war, wie verletzend meine abfälligen Bemerkungen sein konnten und wie planlos ich als Leiter und Diener war. Erst wenn wir mit einem anderen Königreich oder einer anderen Lebensweise zusammenprallen, merken wir, wie armselig unser eigenes kleines Reich ist.

Etwas, das Alyssa sehr bald bei mir aufgedeckt hat, war die Tatsache, dass ich sehr streitsüchtig sein kann. Aber Alyssa hat mich sanft darauf aufmerksam gemacht und mir gezeigt, dass es mehr Freude macht und dass das Leben besser funktioniert, wenn ich zuhöre. Erst als ihre Anmut, ihre Freundlichkeit und ihre völlige Sanftheit mich bloßstellten, erkannte ich das. Hätte ich geglaubt, dass die Hochzeit das Ende der Reise sei und nicht erst der Anfang, hätte ich mir niemals die Mühe gemacht, diese Veränderungen anzugehen.

Viele von uns denken, wenn wir unser Leben Jesus anvertrauen, hätten wir das Ziel erreicht. Wir wollen die Hochzeit, aber nicht die Ehe. Dabei ist unser Ja zu Jesus erst der Anfang. Wie bei einer Heirat müssen wir uns an einem neuen Mittelpunkt orientieren, müssen uns Gottes Herrschaft unterstellen und lernen, die Dinge auf seine Art zu tun.

Im Leben geht es nicht darum, dass du in den Himmel kommst, wenn du einmal stirbst. Es geht darum, den Himmel hier auf der Erde in jedem Bereich unserer Beziehung zu Gott, zu anderen und zu uns selbst Wirklichkeit werden zu lassen. Beim Leben als Christ geht es um die Frage: Wie kann ich die Wahrheiten, die Jesus und das Evangelium vermitteln, in jedem Bereich meines Lebens umsetzen?

Wenn es ein Königreich gibt, dann muss es dort auch einen König, Bürger und eine bestimmte Lebensweise geben, nach der die Menschen leben. Viele von uns haben die ersten beiden Dinge, merken aber nicht, dass Letzteres auch dazugehört. Wir nehmen Jesus als unseren Retter an, werden Bürger seines Reiches, aber wir erkennen nicht, dass unser Leben auch von seiner Herrschaft durchdrungen werden muss, wenn die ersten beiden Dinge wahr werden sollen.

Bei den Israeliten war es so: Gott war ihr König, die Israeliten waren die Bürger, und das mosaische Gesetz bestimmte ihre Lebensweise. Und wir sollten uns das bewusst machen – und das war auch genau das, was Matthäus mit der Bergpredigt sagen wollte. In der Bergpredigt sog Jesus das Gesetz ganz in sich auf, gab ihm dann eine radikale Wendung und erklärte es zur neuen Art zu leben. Das war „Gesetz bzw. Mose 2.0“.

Aber Jesus geht nicht einfach nur auf einen Berg, so wie Mose auf den Berg gegangen war. Mit der Bergpredigt beginnt bei Matthäus die erste von fünf sehr langen Lehrpredigten. Wenn man das Matthäusevangelium liest, wird deutlich, dass diese fünf langen Lehrpredigten gewissermaßen auf die ersten fünf Bücher der Bibel anspielen, die Thora. Aber Jesus schafft die Thora nicht ab, sondern erfüllt sie, prägt sie neu und zeigt ihren tieferen Sinn auf.

Er macht die sehr explosive Aussage, dass diejenigen, die ihm vertrauen, das neue Israel sind (die Kinder Abrahams) und dass seine Lehre die Autorität oder die Lebensweise ist, die die Menschen als Bürger von Gottes Reich kennzeichnet.

Ich erinnere mich noch, dass ich vor einigen Jahren bei einem Aufenthalt in Uganda überrascht war, wie sehr ich von allen anderen hervorstach. Natürlich spielte meine Hautfarbe dabei eine große Rolle, aber auch mein Lebensstil. Wir feierten zum Beispiel mit den einheimischen Mitarbeitern des Waisenhauses, in dem wir zu Besuch waren, Gottesdienst, und es war ziemlich offensichtlich, wer einheimisch war und wer ein *Mzungu* (ein Weißer, meistens aus Amerika). Während die Einheimischen klatschten, tanzten und laut riefen, waren wir – wie im Westen eher üblich – ziemlich reserviert.

Aber ich falle auch in anderen westlichen Ländern auf. Vor einigen Jahren besuchten Alyssa und ich Europa, und ich erinnere mich noch, dass wir beim Abendessen saßen und sehr lange auf die Rechnung warteten. Ich fand, dass der Service in diesem Restaurant sehr schlecht war, und überlegte schon, nur sehr wenig Trinkgeld zu geben, als mich jemand darüber aufklärte, dass es in Europa als unhöflich gilt, die Rechnung unaufgefordert zu bringen, sondern dass der Gast die Bedienung darum bittet. An unserem Verhalten konnte man also ablesen, dass wir Amerikaner waren. Es gab auch noch andere Dinge, durch die wir auffielen. Unsere Kultur und unsere Nationalität unterschieden uns von den Einheimischen.

Das bedeutet es, Bürger eines Königreiches zu sein. Wir unterstellen unser ganzes Leben Gottes Herrschaft und leben als neue Menschen in einer Gemeinschaft, die auf die Zukunft hinweist, in der alles wiederhergestellt wird.

Was hebt uns von anderen hervor? Wie lauten unsere Statuten? Was muss sich ändern, damit wir vollwertige Bürger im Reich Gottes sind?

## Die Letzten werden die Ersten sein

Es war an einem Sonntagnachmittag, unmittelbar nachdem ich vor einer Jugendgruppe gepredigt hatte. Der Jugendpastor und seine Frau luden uns nach dem Gottesdienst zum Mittagessen ein, aber ich lehnte sofort ab. Alyssa warf mir einen deutlichen Blick zu: Warum können wir nicht mit ihnen essen gehen? Ich hatte offiziell keinen guten Grund, außer dass Alyssa und ich an diesem Tag picknicken gehen wollten.

In Wahrheit wollte ich ihr jedoch an diesem Tag einen Heiratsantrag machen.

Ich erinnere mich noch genau an diesen Augenblick. Ich hatte zwei Kumpels beauftragt, vor uns am Picknickplatz zu sein – einem hübschen, abgelegenen Strand am Puget Sound. Ich hatte sie ein paar Stunden vorher losgeschickt, um alles vorzubereiten. Ich hatte alle Bilder ausgedruckt, die wir während unserer Beziehung je gemacht hatten. Einer meiner Freunde sollte sie am Zaun aufhängen, der zum Strand führte, und dazu Rosenblätter verstreuen und Kerzen aufstellen. Mein anderer Kumpel stellte zwei Kameras auf. (Ich bin ein YouTuber – ich muss alles festhalten.) Ich kam mir vor wie ein Geheimagent: Ich hatte mir sogar ein Mikrofon unters Hemd geklebt.

Vor meinem inneren Auge sah ich dieses tolle Bild schon vor mir. Aber als der große Augenblick kam, fühlte ich mich so unbeholfen. Ich hatte mir ausgemalt, was ich sagen wollte, brachte aber buchstäblich kaum ein Wort heraus. Ich glaube, es war das einzige Mal in meinem Leben, dass mir wirklich die Worte fehlten und ich Sätze gestammelt habe, von denen ich nicht einmal mehr weiß, ob sie in Englisch waren.

Aber ich las ihr einen Tagebucheintrag vor, den ich zwei Jahre zuvor „An meine zukünftige Frau" geschrieben hatte, und erklärte Alyssa, dass ich glaubte, dass sie das sei. Dann holte ich eine Thermoskanne mit warmem Wasser und eine Schüssel heraus und fing an, Alyssa die Füße zu waschen.

Das hört sich süß und sehr romantisch an, aber ehrlich gesagt war es irgendwie peinlich. Soll ich jetzt einfach den Waschlappen nehmen und ihre Füße abreiben? Soll ich auch zwischen den Zehen waschen, damit die Füße richtig sauber sind? Sage ich ihr damit, dass ihre Füße schmutzig sind und gewaschen werden müssen?

In Wirklichkeit habe ich ihr beim Waschen gesagt, dass das ein Symbol für unsere Beziehung sein sollte. Ich wollte ihr dienen, sie lieben und sie wertschätzen. Es war ein Moment, den ich nicht vergessen werde.

Aber ich habe dieses Versprechen nicht immer gehalten. Es gibt Zeiten, in denen ich egoistisch, ungeduldig und wenig liebevoll bin, und dann muss ich immer wieder zu dieser Fußwaschung, zu diesem Dienst, diesem Zeichen meiner Liebe zurückkehren.

Ganz praktisch gesehen machte das Füßewaschen im Israel des 1. Jahrhunderts viel mehr Sinn, da meist alle Retro-Birkenstock-Sandalen trugen. Ihre Füße wurden richtig schmutzig vom Staub und dem, was sonst noch so auf den Wegen und Straßen lag.

Weil das Waschen von Füßen also eine ziemlich schmutzige Angelegenheit war – vor allem in der jüdischen Kultur, wo man großen Wert legte auf tägliche, rituelle Sauberkeit –, war es sogar für jüdische Sklaven unter ihrer Würde. Die meisten wohlhabenden Juden hatten einen Türsklaven, der die Sandalen der Besucher aufband, aber es blieb gewöhnlich jedem selbst überlassen, sich mit Wasser, das der Gastgeber zur Verfügung stellte, die Füße zu waschen.

Daran kannst du ablesen, wie erniedrigend und skandalös das war, was Jesus bei einer Gelegenheit tat (nachzulesen in Johannes 13). Gegen Ende seines Lebens nahm er ein gemeinsames Mahl mit seinen Jüngern ein, zog dann sein Obergewand aus, band sich ein Tuch um, goss Wasser in eine Schüssel und fing an, seinen Jüngern die Füße zu waschen.[5]

Das war ungefähr so, als würde der Präsident der Vereinigten Staaten seinen Anzug ausziehen, sich hinhocken und dir nach einer langen Bergtour die Füße waschen. Das käme dir vermutlich seltsam und unpassend vor. Wir würden also wahrscheinlich genauso reagieren wie Petrus und es ablehnen.

Aber Jesus bestand darauf. Er sagte Petrus sogar, wenn er es nicht zuließe, dass er ihm die Füße wusch, würde er nicht zu ihm gehören. Als Jesus damit fertig war, schloss er mit den Worten: „Ein Diener steht niemals höher als sein Herr, und ein Botschafter untersteht dem, der ihn gesandt hat.“[6]

Jemandem die Füße zu waschen ist heute noch genauso schockierend wie damals. Deshalb sollten wir nicht davor zurückschrecken, es von Zeit zu Zeit für Freunde oder Feinde zu tun oder in Augenblicken, in denen wir Menschen aufrütteln wollen, damit sie uns Fragen über Jesus stellen. Aber man kann anderen auch im übertragenen Sinn die Füße waschen.

In erster Linie geht es doch darum zu dienen. Es bedeutet, die niedrigste Stellung einzunehmen und das zu tun, was niemand sonst tun will. Jesus sagt damit ganz klar, dass sein Reich anders funktioniert und unter Macht etwas anderes versteht als die Welt. Jesus sagt, die, die dienen, die sich selbst an den letzten Platz stellen, sind die wirklich Mächtigen.

Es ist eine Herausforderung für mich, das jeden Tag in meiner Ehe auszuleben. 23 Jahre lang wurde ich darauf getrimmt, darauf zu achten, dass sich mein Leben um meine Prioritäten, meine Ziele und all die anderen Kleinigkeiten in meinem Leben dreht. Aber seltsamerweise sagt Jesus, wenn wir das wahre Leben und echte Freude erfahren wollten, dann müssen wir es verlieren. Wir müssten es aufgeben. Es gibt Augenblicke – und ich wünschte, sie kämen häufiger vor –, da bin ich ganz bei Jesus und kann Alyssa dienen.

Wir haben uns lange ums Bettenmachen gestritten. Für Alyssa ist Bettenmachen das, womit der Tag anfängt, damit er sich gut anfühlt. Für mich ist Bettenmachen lächerlich, weil es mir schwerfällt, etwas ordentlich zu machen, von dem ich weiß, dass es für den Rest meines Lebens alle etwa 16 Stunden wieder durcheinandergebracht wird.

Aber schließlich habe ich beschlossen, das Streiten zu lassen und Alyssa einfach zu dienen. Es ist zwar nur eine Kleinigkeit, aber ich verstehe, wovon Jesus hier gesprochen hat. Es kommt dabei eine seltsame Freude auf. Und ich muss zugeben, dass es gut aussieht, wenn ich die Betten gemacht habe. Aber noch viel wichtiger ist, was es bei Alyssa bewirkt. Sie fühlt sich geliebt, geachtet und wertgeschätzt. Es bewirkt diese besondere Dynamik und diesen Geist in unserer Beziehung, der uns erfüllt, uns Freude schenkt und uns ein kleines bisschen näher zueinanderbringt.

Es bewirkt sogar diesen ganz besonderen Rhythmus in unserer Ehe – wie bei einem Tanz, bei dem wir uns gegenseitig dienen und uns miteinander in Liebe nach diesem Rhythmus bewegen. Und wenn du das schon einmal erlebt hast, dann weißt du, dass es das ist, wofür wir erschaffen wurden. Es ist das Reich Gottes.

Was könntest du heute oder morgen tun, um die Flagge des Dienens für Gottes Reich zu hissen? Ich glaube, drastische Dinge schrecken die Menschen ganz besonders auf und bringen sie sogar dazu, für einen Augenblick nach dem Warum zu fragen. Wir reden viel über Jesus, aber wenn wir einander häufiger mal die Füße waschen würden, würden ihm vielleicht mehr Menschen nachfolgen.

Wie wäre es, wenn du dir etwas Kreatives einfallen lassen würdest, mit dem du deinen Kollegen oder Freunden dienen könntest? Wenn du studierst, könntest du zum Beispiel an eine Zimmertür im Wohnheim klopfen und fragen, ob du eine Ladung Wäsche für den Betreffenden mitwaschen kannst. Das klingt absurd, aber kannst du dir vorstellen, was diese Person denken würde, wenn du ihr diese Frage stellst? Dieser Augenblick bleibt ihr vielleicht jahrelang im Gedächtnis und dich hat er nur etwa zwanzig Minuten gekostet. (Achtung: Wenn dort ein Erstsemester wohnt, brauchst du vielleicht einen Schutzanzug.)

Das Schönste an Jesus und seinem Reich ist, dass es kreativ ist. Er spuckt in den Staub, reibt den Brei in der Hand, schmiert ihn einem Typen auf die Augen, und der Mann ist geheilt.

Er sagt zu Petrus: „Hey, schau dem Fisch mal ins Maul. Da ist Geld drin.“

Hab keine Angst, beim Dienen kreativ zu sein, denn das zeigt anderen vielleicht ein kleines bisschen, wie Jesus ist, sodass sie mehr über ihn herausfinden wollen.

## Schwert oder Kreuz

Im Gegensatz zum Römischen Reich schien das Königreich von Jesus davon auszugehen, dass man seine Feinde mit aufopfernder Liebe gewinnen konnte, während man in Rom dachte, sie zu töten sei die Lösung.

Es ist schwer, das Neue Testament zu lesen und dabei nicht zu denken, dass die USA dem Römischen Reich sehr viel mehr ähneln als dem Königreich Gottes. Ich stimme N. T. Wright zu, der gesagt hat: „Wenn Gott die Welt verändern will, schickt er keine Panzer, er schickt die Sanftmütigen, die Trauernden, diejenigen, die hungern und dürsten nach der Gerechtigkeit Gottes, die Friedenstifter, und so weiter.“[7]

Wusstest du, dass das Pentagon mehr Geld für Kriege ausgibt als alle fünfzig Bundesstaaten zusammen für Gesundheit, Bildung, Soziales und Sicherheit? Wir geben als einzelnes Land mehr für unser Militär aus als die nächsten fünfzehn Länder zusammen.[8]

Wenn wir Menschen des Lichts sein wollen, sollten wir aus der Geschichte lernen. Wenn man zurückschaut, sieht man, dass es das Reich, das dachte, es könnte seinen Willen durchsetzen, indem es die Menschen tötete, nicht mehr gibt. Das Reich, das dachte, es könnte das Leben der Menschen verändern, indem es ihnen mit Liebe begegnete, existiert noch – und breitet sich aus.

Manche sagen jetzt vielleicht: „Als Jesus gelebt hat, war die Welt anders als heute.“ Darauf würde ich entgegnen: „Du hast recht, sie war viel schlimmer.“

Eigentlich war das jüdische Volk zur Zeit Jesu seit fast 500 Jahren aus dem Exil zurück. Die Menschen lebten in ihrem eigenen Land. Aber abgesehen von ein paar wenigen, kurzen Lichtblicken waren sie in der gesamten Zeit – bis auf etwa fünfundzwanzig Jahre – von den Persern, Griechen oder Römern beherrscht worden.

Doch in ihren Augen sollte das ganz anders laufen. Gott hatte ihnen versprochen, seine Herrschaft zu errichten und in Israel etwas ganz Neues und Brisantes zu tun. Solange Kyros oder Alexander der Große oder Kaiser Augustus noch in Judäa herrschten, hieß das, dass das noch nicht passiert war.

Das jüdische Volk wartete sehnsüchtig auf einen Anführer, der sich erheben und das tun würde, was bei den Propheten angekündigt wurde: die Feinde vernichten, die herrschende Nation schlagen und Israel als eigenständige, souveräne Nation wiederherstellen.

Wann würde Gott das Reich für Israel und die Gläubigen errichten?

Sie hatten keine Ahnung, dass er genau das gerade tat, nur auf eine völlig andere Weise, als alle erwarteten.

Viele Menschen dachten, es würde – du ahnst es schon – durch Gewalt geschehen. So war es im Alten Testament gewesen und so hatte es Judas Makkabäus zweihundert Jahre zuvor versucht. Es war nun mal der einzige Weg, wie man eine Besatzungsmacht loswurde.

Und doch hat sich Jesus dieser Gewalt vehement widersetzt. Jedes Mal, wenn das Töten der Feinde für die Jünger Jesu eine legitime Option zu sein schien, verurteilte Jesus diese Haltung.

Als Petrus einem Mann das Ohr abschlug, um Jesus zu verteidigen, wies der ihn scharf zurecht.

Bei seinem triumphalen Einzug in Jerusalem weinte Jesus, weil die Stadt nicht erkannte, „was dir Frieden bringt".[9]

Als Jesus verhaftet und zu einem römischen Hinrichtungsort geführt wurde, schien er sich kampflos zu ergeben.

Als zwei seiner Jünger ihn baten, in seinem Reich zu seiner Rechten und Linken sitzen zu dürfen (sie dachten, Jesus würde den Tempel gewaltsam zurückerobern und seine Herrschaft auf Erden errichten), entgegnete er, dass sie offensichtlich nicht wussten, worum sie da baten.

Weil Jesus solche Menschenmassen anzog, dachten alle, dass Gottes lang ersehnte Verheißung, das Römische Reich zu stürzen und Israel für immer zu einer freien Nation zu machen, sich in seiner Person erfüllen würde. Und so gewann Jesus rasch die Herzen der Menschen.

In der ersten Predigt, von der im Matthäusevangelium berichtet wird (der bekannten Bergpredigt), legt Jesus die Karten offen auf den Tisch. Hier geht es übrigens nicht nur um eine krasse Predigt, wie wir gesehen haben, sondern Matthäus will dem Leser damit zu verstehen geben: „Das ist die neue Thora! Das ist das neue Gesetz! Das ist das Manifest der Jesus-Nachfolger!" Es ist nicht nur eine gute Lehre, deren Slogans wir auf Kaffeetassen drucken können, sondern es ist etwas, nach dem wir leben sollen, wenn wir uns als Jesus-Nachfolger bezeichnen.

Jesus spricht ausdrücklich die Art und Weise an, wie man im Alten Testament die Dinge handhabte: „Es heißt bei euch: ‚Liebt eure Freunde und hasst eure Feinde!' Ich sage aber: Liebt eure Feinde und betet für alle, die euch verfolgen! So erweist ihr euch als Kinder eures Vaters im Himmel."[10]

Jesus sagt damit: „Ich weiß, das hat man euch auf eine bestimmte Art beigebracht. Ich weiß, dass ihr denkt, es sei richtig so. Aber wenn ihr zu dieser Bewegung gehören wollt, die die Welt auf den Kopf stellt, und wenn ihr in meinem Reich leben wollt, dann müsst ihr eure Feinde lieben." Er geht sogar so weit und sagt: „Wenn dich jemand auf die eine Backe schlägt, halte ihm auch noch die andere hin. Wenn jemand deinen Mantel nimmt, gib ihm auch noch dein Hemd."

Um wirklich zu verstehen, wie bedrohlich das für die Menschen im 1. Jahrhundert geklungen haben muss: Denk einmal an den Schock und die Angst, die alle am 11. September 2001 und in der Zeit danach empfunden haben. Und jetzt stell dir vor, sie hätten damals nicht nur das World Trade Center zerstört, sondern auch den Regierungssitz deines Landes, in meinem Fall das Weiße Haus.

Und jetzt versuch einmal, dir vorzustellen, diejenigen, die für diesen Anschlag verantwortlich waren, würden seit einhundert Jahren dein Land beherrschen, und davor herrschte irgendein anderes Weltreich über dein Land. Stell dir einmal vor, dein Volk würde permanent davon abgehalten, das Leben zu leben, das Gott euch versprochen hat und das eure eigenen Gesetze euch vorschreiben. Die Demokratie wäre zerstört, der Kapitalismus und der Unternehmergeist vernichtet, die Menschen wären unfrei.[11]

Es gäbe Unterdrückung, deine Geschwister und deine Familie würden getötet, ohne dass es Konsequenzen hätte, und es gäbe andere brutale Umstände, die euch das Leben ungeheuer schwer machen. Jeder, ganz gleich, woran er glaubt, müsste Allah die Treue schwören.[12] Es gäbe keine Religionsfreiheit wie in unserer Verfassung. Wenn Menschen aus der Reihe tanzten, würden sie getötet oder zumindest ins Gefängnis gesteckt.

Wie würdest du darauf reagieren? Höchstwahrscheinlich würden wir, vor allem wir Amerikaner, alles in unserer Macht Stehende tun, um die Besatzungsmacht zu bekämpfen. Wir würden jede Gelegenheit nutzen, die bösen Jungs, die unser Land besetzen, zu bekämpfen. Wir würden Amerika zurückerobern und seine Schönheit, seine Demokratie und seinen Patriotismus wiederherstellen.

Wir würden davon träumen, das Weiße Haus zurückzuerobern und auf dem Rasen die amerikanische Flagge zu hissen. Aber wenn wir ehrlich sind, schwindet unsere Hoffnung, denn seit zwölf Generationen hat sich nichts verändert, und es ist uns nicht gelungen, uns unser Land zurückzuholen.

Jetzt stell dir vor, es taucht einer auf, der sagt: „Statt Amerika zurückzuerobern, statt einen Staatsstreich anzuzetteln, statt die Feinde zu besiegen, solltet ihr sie lieben. Vergebt ihnen. Wascht ihnen die Füße. Segnet sie – und wenn nötig, sterbt für sie. Auch wenn sie eure Familien und eure Freunde getötet und euer Leben zu einem einzigen Albtraum gemacht haben."

Das wäre nicht nur eine Beleidigung, es würde viele von uns wahrscheinlich sehr wütend machen. Weiß dieser Mann denn nichts von unserem Leid, dem Schmerz, der Trauer und Unterdrückung, die dieses Regime verursacht hat? Jetzt stell dir vor, dass dieser Anführer mit seinen Reden einen ziemlichen Aufruhr verursacht, ihm das Volk zuerst massenhaft nachläuft, er dann aber verhaftet und mitten in der Hauptstadt, vor laufender Kamera, sodass das ganze Land es sieht, brutal gefoltert und schließlich hingerichtet wird.

Alle Hoffnung ist zunichtegemacht, und dieser Anführer, der die Hoffnung geweckt hat, dass wir unser Land zurückbekommen, wurde öffentlich hingerichtet, was heißt, dass alles schiefgegangen ist. Sein Plan hat offensichtlich nicht funktioniert. Aber einige Wochen später passiert etwas Seltsames: Eine kleine Gruppe behauptet, er sei einige Tage nach seinem Tod wieder ins Leben zurückgekehrt, und der Augenblick, in dem er getötet worden war, sei auf seltsame und mysteriöse Weise in Wirklichkeit die Lösung für jedermanns Probleme und werde die ganze Welt retten und wiederherstellen.

So lächerlich klang die Sache mit dem Kreuz für jeden gläubigen Juden im 1. Jahrhundert in Israel. Die Israeliten erlebten keinen Moment des Triumphes, sondern das genaue Gegenteil! Ein gekreuzigter Erlöser ist überhaupt kein Erlöser! Jegliche Hoffnung, dass Jesus das Königreich Israels wiederherstellen würde, wurde in dem Augenblick zunichtegemacht, als die Römer die Nägel in seine Hände und Füße schlugen. Die Nachfolger von Jesus dachten vermutlich, dass die letzten drei Jahre ihres Lebens reine Verschwendung gewesen waren.

Israel war schon so lange von fremden Mächten besetzt, dass sie sich fast nicht mehr daran erinnern konnten, wie es war, im eigenen Land zu leben, ohne dass jemand anderes das Sagen hatte. Und doch siegte in diesem Augenblick seltsamerweise die Liebe. Als er am Kreuz hängt, während seiner Hinrichtung, sagt Jesus nämlich: „Vater, vergib ihnen, denn sie wissen nicht, was sie tun."

Jesus hätte seine Gegner problemlos vernichten können. Er hätte mit Leichtigkeit eine Armee von Engeln herbeirufen können, um alle niederzumetzeln, die Israel unterdrückten und ihm Schaden zufügten. Aber er wusste, dass er die Welt dadurch verändern würde, dass er sein eigenes Leben opferte – und er fordert uns auf, das Gleiche zu tun. Das ist eine ziemlich große Aufgabe und eine heftige Forderung, aber wenn wir Jesus-Nachfolger sind, dann ist das der Weg, der uns vorgegeben ist. Opferbereite Liebe, das eigene Leben für andere zu geben, ist der Weg, den unser Herr gegangen ist, und es muss auch unser Weg sein. Das ist eines der klarsten Merkmale eines Bürgers aus dem Königreich Gottes.

Pastor Brian Zahnd hat das so ausgedrückt: „Wir können unsere Feinde durch Gewalt letztlich nicht auslöschen – Gewalt erhöht nur die Zahl der Feinde. Wir können unsere Freunde nur auf einem einzigen Weg ausschalten: indem wir sie lieben und ihnen vergeben."[13]

Das ist nicht nur eine schöne Idee. Es ist auch sehr passend, denn schon seit einer Weile sieht man in den Nachrichten nur noch Berichte über die Gewalttaten des IS in Teilen des Irak und Syriens. Die Terroristen sind auf einem drastischen Feldzug und zerstören alles, was nicht in ihre Weltanschauung passt. Im Fernsehen und im Internet werden Enthauptungen gezeigt; Mädchen werden vergewaltigt; Menschen werden als Sklaven verkauft.

Mir wird schon schlecht, wenn ich nur von einigen ihrer Taten lese. Es sind barbarische, groteske, brutale Taten. Hunderttausende von Menschen in dieser Region wurden vertrieben, verwundet, verlassen und sind auf der Flucht. Ich leide mit meinen dortigen Geschwistern.

Eine Sache, die mich besonders schmerzt, ist, dass ich fürchte, wir werden sie nur so lange unterstützen, wie die Berichterstattung darüber anhält. Aber wenn wir Jesus-Nachfolger sind, dann stehen wir nicht nur zwei Wochen lang gegen solche Gräueltaten auf, sondern immer. Wir setzen unser Leben und unsere Mittel ein, um Nein zu sagen. Es ist nicht in Ordnung und Gott gefällt das nicht. Jesus ist Gottes Antwort auf das Böse, und das muss auch unsere Antwort sein.

Im Verlauf der Geschichte hat Gott das Böse immer wieder auf kreative Art gezügelt und für Gerechtigkeit gesorgt.

Ein schönes Symbol dafür ist der *Baum des Lebens* im Britischen Museum in London. Die Behörden in Mosambik haben ihren Bürgern angeboten, ihre Schusswaffen aus dem Bürgerkrieg gegen landwirtschaftliche Geräte, Nähmaschinen und sogar einen Traktor einzutauschen. Vier Künstler aus Mosambik haben die Waffen dann zerlegt und daraus einen *Baum des Lebens* geschaffen. Vergebung. Ein Neuanfang. Frieden.

Das spiegelt genau Gottes Anliegen wider, wie er es auch durch Jesaja verkündet: „Gott selbst schlichtet den Streit zwischen den Völkern, und unter den Nationen spricht er Recht. Dann schmieden sie ihre Schwerter zu Pflugscharen um und ihre Speere zu Winzermessern. Kein Volk wird mehr das andere angreifen; niemand lernt mehr, Krieg zu führen."[14]

Es fällt mir aber noch schwerer, mir vorzustellen, wie es wäre, wenn der IS dort das Sagen hätte, wo ich lebe. Was wäre, wenn sich diese Grausamkeiten mitten in unserem Land ereignen würden?

Was wäre, wenn du das Böse besiegen könntest? Es völlig vernichten könntest? Wenn du es bloßstellen und zeigen könntest, dass dieses Böse weder in diese Welt noch zu Gottes Plan gehört? Würdest du es tun? Natürlich. Aber gehen wir noch einen Schritt weiter. Selbst wenn wir alle IS-Kämpfer töten könnten, wissen wir doch, dass sich früher oder später eine andere Gruppe erheben wird. Wie wäre es also, wenn wir das Böse selbst besiegen könnten, statt nur den IS? Was wäre, wenn du die Macht, den Geist, das Böse hinter allem sichtbaren Übel vernichten könntest? Würdest du es tun? Natürlich würdest du das.

Fakt ist, dass das schon geschehen ist, behauptete ein jüdischer Rabbi, der im 1. Jahrhundert gelebt hat. Er sagte, es sei schon geschehen, als er von den Römern hingerichtet wurde und drei Tage später wiederauferstand.

Das ist das Brisanteste und Lächerlichste, was ich jemals gehört habe, und steht im völligen Gegensatz zu unserer Kultur. Jesus sagte, er habe das Böse in einem sechsstündigen Akt besiegt, bei dem er Todesqualen litt, blutig geschlagen wurde und an einem

Holzbalken hing. Das ist die Torheit der Botschaft vom Kreuz, von der Paulus im 1. Brief an die Gemeinde von Korinth schreibt.

Und wenn Jesus das gesagt und vorgelebt hat, stellt sich die Frage, ob wir wirklich darauf vertrauen, dass sein Weg der richtige ist.

Über Jahrtausende haben Jesus-Nachfolger Geschichte geschrieben, Kulturen verändert und ein bleibendes Erbe hinterlassen, nur weil sie geglaubt haben, dass das stimmt.

Als sie den Löwen vorgeworfen und in Stücke gerissen wurden, verströmten sie Liebe statt Hass.

Als Petrus gekreuzigt wurde, zog er kein Schwert so wie in der Nacht, als Jesus verhaftet wurde. Er bat darum, kopfüber gekreuzigt zu werden, weil er es nicht wert sei, so zu sterben wie sein Herr.

Ich habe die Geschichte eines Christen gelesen, der mitbekam, wie sich Wachen seiner Haustür näherten, um ihn zu verhaften und hinzurichten. Er begrüßte sie und fragte, ob er ihnen eine warme Mahlzeit kochen könne, da sie von weither gekommen waren, und danach könnten sie ihn verhaften.

Feindesliebe verändert die Welt. Feindesliebe zerbricht und verändert Herzen. Feindesliebe lenkt den Blick der Menschen auf Jesus. Und Feindesliebe ist ein nicht verhandelbarer Bestandteil von Gottes Reich.

Dieses Thema wirft jede Menge praktischer Fragen auf, für die der Platz hier nicht ausreicht, und auf viele davon weiß ich keine Antwort. Aber die ganz große Frage ist, ob wir uns überhaupt damit beschäftigen. Ringen wir damit?

Diese Vorstellung ist weder nett noch schön. Sie braucht kreative Lösungen. Ich lerne Tag für Tag, Jesus zu vertrauen, dass er wusste, was er tat. Wir können ihm vertrauen. Sein Weg ist der Weg in die Zukunft, von der wir in Kapitel 4 gesprochen haben.

Für die Welt sieht es ganz nach Dummheit aus, aber irgendwie sagt uns Gott, dass das der Weg ist. Und wenn wir auf die Kirchengeschichte schauen, sehen wir immer wieder, dass radikale Liebe das Böse besiegt.

## Dankbarkeit ist das Geheimnis

Anderen die Füße zu waschen und seine Feinde zu lieben, sind nicht die einzigen Merkmale eines Menschen, der im Reich Gottes lebt. Auch Dankbarkeit sollte uns als Jesus-Nachfolger auszeichnen.

Lange Zeit glaubte ich, dass ich sehr geistlich sein und „große" Dinge vollbringen müsste, wenn ich Jesus nachfolgen wollte. Ich glaubte, ich müsste etwas ganz Verrücktes für Gott tun, damit er mich liebt, wie zum Beispiel nach Afrika gehen oder ein Heilmittel für Krebs finden.

Aber der Apostel Paulus sagte bei den verschiedensten Gelegenheiten immer wieder: „All euer Tun – euer Reden wie euer Handeln – soll zeigen, dass Jesus euer Herr ist. Weil ihr mit ihm verbunden seid, könnt ihr Gott, dem Vater, für alles danken."[15]

Und zu Timotheus sagte er: „Denn alles, was Gott geschaffen hat, ist gut; und nichts ist schlecht, für das wir Gott danken. Durch das Wort Gottes und das Gebet wird alles rein; nichts kann uns da von Gott trennen."[16]

An anderer Stelle schreibt er sogar, wir sollen dankbar sein, was immer auch geschieht.[17]

Ich glaube, dass Dankbarkeit der Schlüssel zu einem gesunden Christenleben ist. Wenn wir das Gefühl haben, wir hätten uns etwas verdient, meinen wir, auch ein Recht darauf zu haben, und werden selbstgefällig. Aber wenn wir begreifen, dass sogar der Sauerstoff in unseren Lungen ein Geschenk unseres unglaublichen und wunderbaren Schöpfers ist, dann sprudelt die Dankbarkeit in unserem Leben. Wenn wir dankbar sein können, gewinnen wir Freude.

Ann Voskamp beschreibt die Kunst der Dankbarkeit auf wunderbare Weise in ihrem Buch *Tausend Geschenke*. Sie führte eine fortlaufende Liste, auf der sie alles notiert, wofür sie dankbar war, kleine und große Dinge, und bemerkte, wie sehr sie das veränderte.

Das Beste an der Dankbarkeit ist, dass wir sie überall praktizieren können. Ich dachte, ich müsste etwas Großes für Gott vollbringen, aber als ich ernsthaft anfing, das Neue Testament zu lesen, wurde mir klar, dass es Gott gar nicht darum ging, dass ich etwas Großes tat. Ihm ging es viel mehr um meine Haltung inmitten der Dinge, in denen ich gerade steckte. Ich musste weder Pastor noch Theologe sein, um heiliger zu sein. Heiligkeit geht mit Dankbarkeit einher, und diese kann ich auch beim Tippen, Schreiben, Kochen, Spazierengehen oder beim Sport praktizieren.

Wie wäre es, wenn du dein Leben so nehmen würdest, wie es gerade ist, und einfach eine Tonne Dankbarkeit hineingießt, gerade da, wo du jetzt bist, statt zu glauben, du müsstest etwas Geistlicheres oder Heiligeres tun.

Die Dankbarkeit hat mir auch gezeigt, was ich tun und wovon ich besser die Finger lassen sollte. Wenn ich für etwas nicht dankbar sein kann, erkenne ich viel leichter, was vielleicht Sünde oder zumindest eine falsche Entscheidung wäre.

Ich kann Gott nicht dafür danken, dass ich ein Auto gestohlen habe, und ich kann Gott auch nicht danken, wenn ich einen Freund angelogen habe, weil ich weiß, dass er diese Dinge nicht geplant oder mir gegeben hat. Wenn du für etwas nicht dankbar sein kannst, dann ist das ein sicheres Zeichen dafür, dass du es besser nicht tun solltest.

Und wir sollten uns immer fragen: *Wie sieht es jetzt gerade im Himmel aus und wie kann ich das auf der Erde umsetzen?*

In der Bibel sehen wir, dass der Himmel nicht weit entfernt ist; er ist nur einfach Gottes Sphäre. Sein Raum. Jesaja, die Evangelien und die Offenbarung erlauben uns einen Blick hinter die Kulissen, wo wir Anbetung und Dank sehen. Dank an Gott für das, was er getan hat, was er tut und was er tun wird. Und in dem Augenblick, in dem wir ihm dankbar sind und ihn anbeten, sind wir im Einklang mit dem Reich Gottes und tun das, wofür wir erschaffen wurden.

Als Kind habe ich das Vaterunser oft gehört und aus irgendeinem Grund klang es immer nach Beerdigung – trocken, tot und monoton.

Aber im Mittelpunkt dieses Gebets steht: „Dein Reich komme, dein Wille geschehe, wie im Himmel so auf Erden."

Wenn Juden zur Zeit Jesu etwas besonders betonen wollten, beschrieben sie es auf zwei verschiedene Arten. Theologen behaupten, dass das auch beim Vaterunser der Fall ist: Dein Reich komme, dein Wille geschehe. Wo kommt also Gottes Reich? Ganz einfach: überall dort, wo sein Wille getan wird.

Und achte einmal darauf, dass Jesus seinen Nachfolgern beibringt zu beten, dass das Reich *kommen* soll. Nicht weggehen, nicht irgendwo anders entstehen, sondern *kommen* soll. Genau hier. Genau jetzt. In unserer Mitte.

Und dann heißt es weiter: „wie im Himmel so auf Erden". Lass auf der Erde wahr werden, was im Himmel schon Wirklichkeit ist.

Der Tod ist im Himmel keine Wirklichkeit, also sollten wir auch hier Menschen sein, die das Leben feiern.

Im Himmel gibt es keine Bitterkeit, also sollten wir den Menschen hier vergeben.

Im Himmel blüht das Leben, also sollten wir auch hier so leben.

Was wäre, wenn wir uns dieses Gebet wirklich zu Herzen nehmen würden? Was wäre, wenn wir es wirklich glauben würden? Was wäre, wenn wir es jeden Morgen beten würden?

Direkt über meinem Computer hängt ein kunstvoll gestaltetes Holzbrett, auf dem steht: „Dein Reich komme, dein Wille geschehe, wie im Himmel so auf Erden." Ich will, dass mir dieses Gebet immer vor Augen ist. Wenn ich Böses sehe, möchte ich beten, dass sein Reich komme. Wenn ich sehe, dass jemand verletzt wird, möchte ich beten, dass sein Reich komme.

Vor Kurzem habe ich mit einer kleinen Übung angefangen. Ich habe „auf Erden" durch den Namen meiner Stadt ersetzt: „Dein Reich komme, dein Wille geschehe, wie im Himmel so in Kihei." Das macht es für mich noch realistischer. Das Schöne daran ist, dass ich dann die Bibel wieder aus einem anderen Blickwinkel lese und mich frage, wie ich das tun kann. Wie sieht der Himmel aus? Wie sieht die Herrschaft von Jesus aus und wie kann ich das durch die Kraft des Heiligen Geistes hier in meiner Stadt umsetzen?

Betest du dieses Gebet? Schlägt dein Herz für deinen Heimatort? Wie wäre es, wenn du beten würdest, dass Gottes Reich in deine Stadt kommt, so wie es auch im Himmel ist? Was wäre, wenn das dein Herzenswunsch wäre?

KAPITEL 8

# Zerbrochenheit ist anders, als du denkst

Nimm deine Verletzungen an

**Ich war gerade fürs Studium zu meiner Tante und meinem Onkel gezogen, als ich eines Mittags heulend auf dem Sofa saß.** Wenn es dir auch schon mal so gegangen ist, weißt du, was ich meine. Zuerst kommen ein paar Tränen und dann wird daraus ein richtiges Geflenne.

Damals hatte ich mit einigen Dingen zu kämpfen – Depressionen, Fehlern, die ich gemacht hatte, Ernüchterung und Enttäuschung über diese Sache mit der Jesus-Nachfolge. Schließlich brach ich zusammen und erzählte ihnen von meinen Verletzungen, meiner Qual, meinem Schmerz, den ich mit mir herumschleppte.

Es war das erste Mal, dass ich wirklich ehrlich war und meine Maske fallen ließ. Ganz gleich, ob ich auf die Frage von Freunden, wie es mir ging, die Standardantwort „gut" gab oder düstere Gedanken hegte (*wenn die wüssten, wie ich wirklich bin, würden sie nicht mit mir befreundet sein wollen):* Ich vermittelte immer ein ganz bestimmtes Bild von mir.

Ich kann dieses Gefühl des Freiseins gar nicht beschreiben, als in diesem Moment alle Lasten von meinen Schultern fielen. Ich weiß noch, dass meine Tante und mein Onkel einfach nur zuhörten, mich ermutigten und mich daran erinnerten, wie sehr Gott mich liebte. Es war wirklich heilsam.

Wir tragen alle Verletzungen mit uns herum – Dinge, bei denen wir zusammenzucken, wenn wir nur daran denken. Das kann etwas sein, das wir getan haben, oder etwas, das uns angetan wurde, das ist egal, denn emotionale Verletzungen sind immer empfindlich.

Bei mir geht es dabei um all die falschen Entscheidungen, die ich während meiner Schulzeit und auf der Uni getroffen habe. Sie verfolgen mich noch heute, wenn ich Jesus und seine Gnade aus den Augen verliere. Oder es sind Erinnerungen an meine Kindheit mit nur einem Elternteil, während die meisten meiner Freunde in traditionellen Familien aufgewachsen sind. Oder zerbrochene Beziehungen, denn es gibt nur wenig, das so sehr schmerzt.

Das Problem mit diesen Verletzungen ist, dass wir dazu neigen, sie vor anderen und uns selbst zu verbergen. Wir denken, wenn wir sie ein bisschen „verbinden", werden sie schon von allein heilen. Manchmal trifft das vielleicht zu, aber wenn die Verletzung sehr tief ist, wird sie dadurch nur noch schlimmer. Man sieht es vielleicht nicht, aber die Wunde eitert. Wenn eine Verletzung nicht behandelt wird, kann eine verbundene Wunde zu einer Infektion führen, die, wenn es ganz schlimm kommt, sogar zum Tod führen kann. Luft und Licht sind die ersten Schritte, damit eine Wunde heilen kann.

Was ist, wenn es mit den Wunden in unseren Herzen genauso ist? Nelson Mandela hat uns ermahnt: „Groll ist wie Gift trinken und darauf warten, dass der Feind stirbt." Groll oder Bitterkeit sind Anzeichen für eine geistliche Verletzung. Wir werden wütend. Wir wehren uns. Wenn man einen wunden Punkt berührt, zieht sich der Betroffene zurück und windet sich, weil die Stelle so empfindlich ist.

Was wäre ein solcher Punkt in deinem Leben? Wann würdest du so reagieren, wenn ihn jemand berührt? Wann würdest du dich zurückziehen oder winden?

Was wäre, wenn Gott diese Verletzung heilen wollte? Was wäre, wenn er deine Wunde in eine Narbe verwandeln möchte?

Das Interessante an Narben ist, dass wir sie – im Gegensatz zu Verletzungen – nicht so sehr verstecken. Wunden bedecken wir. Wir verbergen sie. Sorgen dafür, dass niemand unseren wunden Punkt sieht. Aber wir scheuen uns nicht, unsere Narben zu zeigen, denn sie erzählen eine Geschichte.[1]

Ich habe eine kleine Narbe an meiner Oberlippe, weil ich es als Einjähriger für eine tolle Idee hielt, einem Hund das Futter wegzuessen. Der Hund fand das nicht so toll und biss mich ins Gesicht.

Und wie ich schon erwähnt hatte, habe ich von dem Unfall beim Baseball, bei dem ich mir das Schlüsselbein zertrümmert habe, auch eine 15 Zentimeter lange Narbe an meiner rechten Schulter sowie zwei Titanplatten und zehn Schrauben darin zurückbehalten.

Ich habe ebenfalls eine zwei Zentimeter lange glatte Narbe an meinem Fingergelenk. Als Kind bekam ich einmal das Taschenmesser meiner Mutter in die Hände, verschleppte es in mein Versteck und spielte damit. Ich wusste natürlich nicht genau, was man damit machte, und probierte es an meinem Zeigefinger aus. Der Schnitt war tief.

Narben erzählen eine Geschichte. Wenn Menschen eine Narbe sehen, erkundigen sie sich meistens danach, und wir scheuen uns nicht, ihnen davon zu erzählen, weil sie nicht länger wehtun. Du kannst jede meiner Narben berühren, sie schmerzen nicht. Ich zucke nicht zusammen oder ziehe mich zurück. Stattdessen stellen sie eine Gelegenheit dar, dir zu erzählen, was passiert ist und wie es geheilt wurde.

Und wenn Jesus unsere seelischen Verletzungen ebenfalls in Narben verwandeln will? Wir müssen uns nicht länger dafür schämen. Wir können damit zu unserem Arzt gehen (so nennt Gott sich selbst; 2. Mose 15,26).

Manchmal ist das aber gar nicht so einfach. Manche Wunden heilen augenblicklich, wenn wir damit zu Jesus kommen, doch bei anderen ist der Heilungsprozess schwieriger.

Vor etwa zwei Jahren sind Alyssa und ich aus der Stadt in einen kleineren Ort in der Nähe der Berge gezogen. Dieser Ort ist nur zehn Minuten von meiner früheren Schule entfernt und wir waren dort oft zum Einkaufen oder bei Starbucks.

Manchmal fällt es mir schwer, durch diesen Ort zu fahren, ohne an bestimmten Stellen zusammenzuzucken:

*Das da war der Park, wo ich spätabends mit meinen Freunden gekifft habe.*

*Auf dem Parkplatz dort habe ich Dinge getan, für die ich mich heute schäme.*

*In der Straße wäre fast eine riesige Schlägerei ausgebrochen.*

Und so weiter.

Es fällt mir wirklich schwer, in dieser Gegend durch die Straßen zu fahren, weil sie mich an einen Abschnitt meines Lebens erinnern, auf den ich nicht stolz bin und in dem ich keine guten Entscheidungen getroffen habe. Es kommt mir so vor, als würden alte Wunden aufbrechen, und Schmerz, Trauer, Reue und Schuldgefühle überkommen mich. Ein Teil von mir regt sich auf und fängt einen inneren Dialog an.

*Ich dachte, ich wäre von diesen Dingen geheilt?*

*Wenn ich geheilt bin, warum spüre ich es dann noch so stark?*

*Wenn ich Gnade gefunden habe, warum fühle ich mich dann jetzt so schuldig?*

In diesen Augenblicken muss ich mir zwei Dinge ins Gedächtnis rufen.

Erstens darf ich nicht der Lüge glauben, ich sei Gott in diesen Momenten egal oder er sei distanziert. Doch er hält sich nicht fern und ist nicht weit weg. Er ist da, mitten in meiner Schuld, meinen abscheulichen Gedanken und meiner Selbstverurteilung. Er flüstert mir liebevolle Dinge zu.

Aber ich darf auch auf keinen Fall dem anderen Geflüster glauben.

Ann Voskamp drückt es so aus: „Jenes Flüstern zu Eva im Garten, jene allererste Verführung, die uns immer noch verführt – nämlich dass Gott die Bedürfnisse seiner Kinder gleichgültig wären. Vielleicht ist das der Grund, weshalb diese Welt blutet. Wenn wir glauben, wir seien Gott gleichgültig, warum sollten wir dann nicht auch selbst gleichgültig sein? Es ist doch einfacher, ihm die Schuld zu geben. Wenn ich der Urlüge Glauben schenke, dass wir Gott gleichgültig seien: Ist das eine Entschuldigung dafür, dass wir uns abwenden und selbst die Lüge verbreiten, wir seien Gott gleichgültig – wenn es doch in Wirklichkeit die Menschheit ist, die gleichgültig ist?“[2]

Er ist da. Er weiß davon. Er heilt. Er kommt uns nah.

Zweitens muss ich mir ins Gedächtnis rufen, dass Fehler, die ich in der Vergangenheit begangen habe, nicht die eigentliche Wahrheit über mich erzählen. Das, was ich spüre, sind eigentlich nur Phantomschmerzen. Jemand, der einen Arm oder ein Bein verloren hat, erlebt oft solche Phantomschmerzen: Man verspürt starke Schmerzen in einem Körperteil, den man gar nicht mehr hat.

Diese Phantomschmerzen sind also nicht echt, auch wenn die Gehirnsynapsen melden, sie seien es. Ich kann mir gar nicht vorstellen, wie schwer es in diesen Momenten sein muss zu glauben, dass die Schmerzen nicht wirklich da sind. Selbst wenn du sehen kannst, dass du gar keinen linken Fuß mehr hast, tut er dir ja weh. Der Schmerz ist so heftig und unbestreitbar vorhanden. Aber letzten Endes entspricht dieser Schmerz einfach nicht der Realität.

Ich glaube, so ähnlich geht es uns in diesen Augenblicken des Bedauerns. Wenn uns die gleiche Sünde, der gleiche Kummer oder die gleiche Schuld immer wieder durch den Kopf geht oder wenn wir an etwas vorbeifahren, das uns daran erinnert, oder etwas auf Facebook sehen, das uns stechende Schmerzen bereitet, dann müssen wir uns in Erinnerung rufen, dass das nur Phantomschmerzen sind. Es ist nicht echt. Es ist nicht die eigentliche Wahrheit über uns. Gott hat verkündet, dass wir neue Menschen sind, wenn wir ihm folgen. Wir sind rein. Uns ist vergeben. Wir sind seine Kinder. Er freut sich über uns. Er ist nicht weit weg, sondern ganz nah.

*Das* ist die eigentliche Wahrheit. Nicht die Stimme unserer Verletzungen. In so einem Augenblick können wir ein Machtwort sprechen, um Hilfe rufen, uns an ihn klammern und uns immer wieder in Erinnerung rufen, dass das nicht echt ist. Es ist eine Narbe. Die Verletzung ist verheilt.

Das hat Jesus zumindest gesagt, und wir können ihm vertrauen, denn er weiß es. Er weiß, wie es ist, verletzt, verwundet und geschlagen zu werden. Er weiß, was es heißt, verraten und verlassen zu werden. Er weiß, wie es ist, wenn man Liebe gibt und nur Hass empfängt. Er weiß, wie es ist, und das kann kein anderer Gott behaupten.

Lässt du zu, dass Jesus deine Verletzungen heilt und sie in Narben verwandelt, die eine Geschichte erzählen? Was wäre, wenn Jesus die dunkelsten Stellen deines Lebens heilen möchte, damit du dann wiederum anderen erzählen kannst, wie gut er ist? Erst wenn aus einer Wunde eine Narbe geworden ist, kann sie ihre ganze Geschichte erzählen. Dann kannst du auf die Narbe deuten und sagen: „Schau mal, was Jesus für mich getan hat."

In der japanischen Kultur gibt es eine besondere Art von Töpferkunst, die als *Kintsugi* bezeichnet wird und sich mit kaputten Keramik- oder Porzellanstücken von Tontöpfen, Vasen und Schalen beschäftigt. Wenn eine Schale oder ein Topf zerbricht, setzen die Kintsugi-Künstler den Gegenstand mit einer Kittmasse wieder zusammen, die mit Gold-, Silber- oder Platinpulver versetzt ist.

Wenn das Behältnis dann wieder zusammengesetzt wurde, verlaufen feine Gold-, Silber- oder Platinadern genau dort, wo vorher die Bruchstellen waren. Sie sind das Auffälligste an diesen Gegenständen. Das Herrliche an diesem wunderbaren Kunstwerk sind die mit Gold durchsetzten, ehemals kaputten Teile, die wieder zusammengesetzt wurden. Schau einmal bei Google nach, dann siehst du, was ich meine – diese Kunstwerke sind außergewöhnlich schön.

Durch Kintsugi ist etwas, das zerbrochen ist, nicht wertlos. Diese Form der Reparatur macht es *noch* wertvoller. Man versucht gar nicht, die Unvollkommenheiten des Gegenstandes zu verbergen, sondern stellt sie mit all ihrer Schönheit und Herrlichkeit zur Schau.

Ich glaube, wenn wir zu Jesus kommen, sind wir nicht viel anders. Viele der Menschen, die uns am meisten inspirieren, waren tief verletzt, zerbrochen, haben gelitten, und trotzdem tragen sie

Frieden, Freude und Durchhaltevermögen in sich. Narben verbergen unsere Geschichte nicht, sie zeigen sie. Und wenn wir anderen unsere Narben zeigen, können wir sie auf den Arzt hinweisen, der seine Gnade in jeden Riss und jedes zerbrochene Stück unserer Seele fließen ließ.

Manchmal haben Menschen nur in übertragenem Sinne Narben, aber gelegentlich gibt es auch tatsächlich körperliche Narben. Ich habe mit vielen Menschen gesprochen, die seit Jahren versuchen, ihre Scham, ihre Schuldgefühle und ihren Schmerz loszuwerden, indem sie sich ritzen. Vor Kurzem sprach ich mit einer Person, die mir erklärte, sie ritze sich, weil sie „glaube, den Schmerz verdient zu haben".

Wenn ich so etwas höre, bricht es mir das Herz. Das Schöne an Jesus ist, dass er nicht will, dass wir uns selbst wehtun, uns Schmerz zufügen oder versuchen, uns seiner irgendwie würdig zu „machen". Wir sind schon würdig wegen dem, der uns erschaffen hat. Wir sind wertvoll, weil uns der Schöpfer des Universums höchstpersönlich ins Leben gerufen hat, und er freut sich sogar über uns![3] Nirgends finden wir in der Bibel den Gedanken, dass man sich selbst bestrafen muss, um geliebt zu werden. Die Bibel behauptet sogar das genaue Gegenteil.

Jesus hat unsere Schmerzen auf sich genommen. Er hat diese Last gespürt, dieses erdrückende Gefühl von Schmerz und Leid, und er hat alles davon ertragen. Wenn Schmerz und Scham ein Becher wären, dann hat er ihn bis auf den letzten Tropfen geleert, damit wir das niemals tun müssen. Deshalb feiern wir und freuen uns – weil wir wissen, dass Jesus unseren Platz eingenommen, alles auf sich genommen hat und sich uns dann mit einem zärtlichen Blick zuwendet und uns seine Kinder nennt. Wir gehören zu ihm. Wir müssen uns nicht mehr verstecken.

Wenn du das liest und dich auch ritzt, dann sollst du wissen, dass du geliebt wirst und dass Gott seine Gnade, seine Freude und seine Schönheit über dir ausgießen will. Du musst das nicht länger tun. Er heilt dich. Und dann kannst du auf die Narben deuten und sagen: „Schau mal, was Jesus für mich getan hat."

Für mich ist es sogar eine noch tiefere Heilung, wenn ich davon erzählen kann, wie Jesus meine Vergangenheit geheilt hat. Wenn ich mit anderen darüber spreche, verbindet uns das auf ganz besondere Weise. Wir machen uns verletzlich, Gott ist gegenwärtig, und es geschieht Heilung. Hab keine Angst, deine Geschichte zu erzählen. Hab keine Angst, deine Narben zu zeigen. Vielleicht bringst du dadurch Licht in eine Sache und kannst anderen helfen, die sich immer noch selbst Schmerzen zufügen.

Körperliche Schmerzen sind nicht die einzigen Verletzungen. Die schmerzhaftesten Wunden, die wir nicht mit den Augen sehen, stammen von traumatischen sexuellen Erfahrungen.

Ich erhalte viele sehr persönliche Mails. Wahrscheinlich kommt das daher, dass Alyssa und ich auf YouTube offen über Beziehungen sprechen. Und ein Thema, das immer wieder angesprochen wird, sind sexuelle Tätlichkeiten und Vergewaltigung – und die Schuld, die Scham und die Trauer, die damit einhergehen.

Ich glaube, es gibt nichts, das uns so sehr schmerzt, wie wenn Sexualität geraubt, gestohlen, entstellt oder missbraucht wird. Unsere Sexualität ist so eng mit unserer Spiritualität und unserem innersten Wesen verwoben, dass diese Wunden tiefer gehen als andere. Wenn du mit Menschen sprichst, die auf diese Weise missbraucht wurden, werden sie dir erzählen, wie tief die Scham, die Trauer und die Verletzungen sitzen. Sogar der Apostel Paulus führt an, dass sexuelles Fehlverhalten den Menschen tiefer trifft als alles andere.[4]

Vor Kurzem erhielt ich eine Mail von einer Frau, die in dieser Hinsicht traumatisiert war. Als sie ihre Sexualität entdeckt hatte, hatte sie sich vorgenommen, damit bis zur Ehe zu warten. In der siebten Klasse schwor sie das sogar offiziell. Als sie älter und der Druck von außen größer wurde, blieb sie ihrem Entschluss dennoch treu und war stolz darauf, bis zur Ehe zu warten.

Im Sommer bevor sie mir diese Mail geschrieben hatte, war sie mit ein paar Freundinnen ausgegangen und hatten eine Gruppe von befreundeten Jungs getroffen. Sie weiß nur noch, dass sie zwei Drinks hatte – an das, was danach geschah, kann sie sich nicht erinnern. Ihre Freunde zogen zur nächsten Bar weiter und ließen sie in der ersten Kneipe zurück. Am nächsten Morgen wachte sie weinend auf, weil sie nicht mehr wusste, was am Vorabend geschehen war. Als sie durch die Textnachrichten in ihrem Handy scrollte, sah sie, dass sie ihre Freundinnen x-mal gebeten hatte, sie abzuholen, bis sie es schließlich getan hatten.

Zu diesem Zeitpunkt kam in ihr auch der Verdacht auf, dass sie vielleicht vergewaltigt oder irgendwie missbraucht worden war, aber ihre Freundinnen versicherten ihr, dass nichts geschehen war.

Doch eineinhalb Monate später stellte sie fest, dass sie schwanger war. In ihrer Mail erwähnte sie, dass sie im Moment damit ringe, den Schulabschluss zu machen und genug Geld zu verdienen, um ihrem Kind ein gutes Leben bieten zu können.

Während ich ihre Geschichte erzähle, verspüre ich Wut, Traurigkeit und Kummer. In dieser kaputten Welt fügen wir uns durch das, was wir tun, manchmal selbst Schmerzen zu. Aber manchmal (so wie hier) werden uns Verletzungen auch von anderen zugefügt. Wir haben nichts falsch gemacht. *Andere* haben uns etwas Böses *angetan*, und trotzdem sind wir diejenigen, die mit den Konsequenzen fertigwerden müssen. Es hat Auswirkungen auf uns. Es verletzt uns. Es verändert unser Leben.

Und wage es ja nicht zu sagen: „Wenn das Opfer sich anders verhalten hätte, dann ..." Diese Argumentation habe ich schon von zu vielen Christen gehört, und ich glaube, es gibt nur weniges, das mich so wütend macht, wie solche Kommentare. Jetzt einmal Klartext: Wenn jemand vergewaltigt oder missbraucht wird, ist es nicht die Schuld dieser Person. Es ist völlig egal, wo die Person hingegangen ist, was sie getrunken hat oder was sie anhatte. Der Täter ist schuld!

Neulich las ich eine Satire darüber, wie lächerlich es ist, dass wir solche Argumente überhaupt vorbringen. Caitlin Kelly, Onlineredakteurin beim *New Yorker*, hat beschrieben, was Personen zu hören bekämen, denen man den Geldbeutel gestohlen hat, wenn man sie so behandeln würde, wie man Vergewaltigungsopfer behandelt.[5] Wenn jemandem die Geldbörse gestohlen wird und der Betreffende sagt: „Ich glaube, man hat mir den Geldbeutel gestohlen", dann fragen wir nicht zuerst: „Kannst du das beweisen? Hattest du an jenem Abend etwas getrunken? Was hattest du an, als es passiert ist?"

Wenn du das hier liest und selbst schon Opfer eines sexuellen Übergriffs warst, musst du nur eines wissen: *Es war nicht deine Schuld!*

Es ist egal, was du anhattest, was du gesagt oder wie du dich verhalten hast. Niemand hat je das Recht, den Körper eines anderen zu benutzen. Und denjenigen, die das hier lesen und keine Vergewaltigung erlebt haben, möchte ich sagen: Hört auf, die Identität einer Frau an ihrem Vater oder Bruder oder sonst jemandem festzumachen. Wenn einer Frau so etwas passiert, sagen viele: „So eine Schande! Wissen die denn nicht, dass das die

Tochter von XY ist?" oder: „... dass das die Schwester von XY ist?"

Wir merken nicht, dass wir den Wert eines Menschen vom Wert eines anderen Menschen abhängig machen, um dem Betreffenden mehr Wert zu verleihen. Eine Frau ist nicht etwa deshalb wertvoll, weil sie jemandes Tochter oder Schwester ist. Sie ist wertvoll und würdig, weil sie das Ebenbild Gottes in sich trägt. Weil sie ein Mensch ist.

Und das ist keine Kleinigkeit. Weil viele Männer Pornos anschauen und ihr Gehirn auf diese Weise darauf trainieren zu denken, Frauen seien nur Objekte, deren sich Männer bedienen können, haben sie so ein verzerrtes Bild von Sexualität, dass solche Dinge wahnsinnig oft passieren. In den USA werden jährlich etwa 686 000 Frauen vergewaltigt, also etwa 1.800 *pro Tag*. Im Durchschnitt wurden jedes fünfte Mädchen und jeder siebte Junge bis zu ihrem 22. Lebensjahr schon einmal Opfer eines sexuellen Übergriffs.[6]

Wir sind die erste Generation, die jederzeit und überall übers Smartphone freien Zugang zu Pornografie hat. Deshalb wurden noch nie zuvor Menschen so ausgenutzt und noch nie haben Menschen andere so sehr ausgenutzt. Was macht das mit uns? Mit unseren Kindern? Mit unserer Gesellschaft? Dieses Thema ist allgegenwärtig und es werden ständig neue Wunden geschlagen.

Ganz gleich, was dich verletzt hat, ob es etwas so Tiefgreifendes war wie Vergewaltigung oder etwas vermeintlich Unwesentliches, das aber immer noch schmerzt: Jesus kann dir Heilung schenken. Er nimmt es an sich, heilt es und schenkt dir neues Leben.

## Der Sündenbock

Es gibt einen traditionellen jüdischen Feiertag, der Jom Kippur heißt oder auch „Tag der Sühne". Als es den Tempel noch gab, opferten die Priester an diesem Tag einen Ziegenbock auf dem Altar und schickten einen zweiten in die Wüste.

Dieser zweite Bock hat mich schon immer fasziniert. Gemäß der Thora musste der Hohepriester dem Bock die Hände auf den Kopf legen, Israels Sünden bekennen und sie so dem Bock auferlegen. Wenn das geschehen war, schickte er den Bock in die Wüste hinaus und dieser wurde nie wieder gesehen. Auf diesen Brauch geht übrigens auch unser Begriff „Sündenbock" zurück.

Das Faszinierende daran ist, dass Jesus all diese Traditionen in sich vereint hat, während dieser Sündenbock nur ein blasses Abbild war. Jesus war das wirkliche, vollständige Opfer.

Wir sollen unsere finstersten und schwersten Sünden nehmen (die, die wir selbst getan haben, und die, die uns zugefügt wurden), sollen unsere Hand ausstrecken und sie auf Jesus legen. Am Kreuz war Jesus sowohl der Bock, der geopfert wird, als auch der Sündenbock. Er hat unsere Sünden mit ins Grab genommen, genau wie der Sündenbock sie in die Wüste getragen hat.

Das Schöne daran ist, wenn wir unsere Schuld auf Jesus übertragen haben, lässt er sie im Grab zurück, er steht zum Leben auf und verschließt die Tür des Todes hinter sich. Wir haben jetzt ein neues Leben. Wir haben Frieden und Vergebung. Wir sind eine neue Schöpfung.

Hast du das schon getan? Hast du diese Last schon auf Jesus gelegt? Bist du deinen Schmerz leid? Bist du die Scham, die Schuld und das Theater leid, das wir spielen müssen, um unser Gesicht zu wahren? Er will, dass du ihm alles gibst, er nimmt es auf sich und er macht es zunichte.

Und ist dir aufgefallen, dass die Verletzungen von Jesus keine offenen Wunden mehr sind, als er auf der anderen Seite herauskommt und aufersteht?

Es sind Narben.

Seine Verletzungen wurden geheilt. Sie erzählen eine Geschichte. Mehr noch: Nach der Auferstehung hat Jesus einen vollkommenen, verherrlichten Leib. (Sein Körper ist so, wie unserer einmal sein wird, am Ende der Zeit, wenn alles vollkommen wiederhergestellt sein wird.)

Und doch hat er noch Narben. Für viele von uns sind Narben ein Zeichen der Schwäche. Aber wenn Jesus auch nach der Auferstehung noch Narben hat, sind sie vielleicht gar nicht so schlimm. Vielleicht machen uns erst Narben zu „richtigen" Menschen. Sie zeigen, dass wir wirklich gelebt haben. Sie erzählen unsere Geschichte. Wir wären ohne unsere Narben vielleicht nicht die Gleichen, aber Gott sei Dank, dass es keine Verletzungen mehr sind.

Man kann das am Beispiel von Thomas dem Zweifler sehen. Seine Freunde haben ihm erzählt, dass Jesus auferstanden ist, aber Thomas glaubt ihnen nicht. „Das glaube ich nicht! Ich glaube es erst, wenn ich seine durchbohrten Hände gesehen habe. Mit meinen Fingern will ich sie fühlen, und meine Hand will ich in die Wunde an seiner Seite legen."[7]

Acht Tage später treffen sich Jesus und Thomas schließlich. Jesus schimpft nicht mit Thomas und sagt ihm auch nicht, dass er bloß richtig glauben muss. Er sagt nicht, dass Thomas mehr Bücher über Apologetik lesen soll. Er sagt auch nicht: „Glaub einfach." Er sagt: „Leg deinen Finger auf meine durchbohrten Hände! Gib mir deine Hand und leg sie in die Wunde an meiner Seite! Zweifle nicht länger, sondern glaube!"[8]

Jesus antwortete auf Thomas' Zweifel, indem er ihn aufforderte, die Hand auszustrecken und ihn zu berühren. Seine Narben zu fühlen. Es scheint beinahe, als bewiesen die Narben sein Menschsein. Als machten sie ihn in diesem Augenblick real.

So oft entgeht uns, was Jesus für uns tun will, weil wir in unseren dunkelsten Stunden versuchen, unseren ganzen Intellekt oder all unsere Argumente zusammenzunehmen. Aber Jesus sagt einfach nur: „Berühre mich." Darin liegt so viel Vertrautheit. Jesus sagt mitten in unserem Schmerz: „Ich weiß, wie es dir geht. Schau dir meine Narben an." Er hat den Tod erlebt, aber auch die Auferstehung.

Um noch einmal auf die Geschichte von der jungen Frau zurückzukommen, die mir nach einer Vergewaltigung schrieb. Sie hat ihre Heilung perfekt zusammengefasst, als sie mir erklärte: „Ich habe mich daran geklammert, dass Jesus einen Plan für mich hat. Jedes Mal, wenn sich das Kind in meinem Bauch bewegt, weiß ich, dass er etwas Großartiges mit mir und meinem Sohn vorhat. Er ist mein Fels, und wenn ich mich auf ihn verlasse und auf die Menschen, die er in mein Leben gebracht hat, kann ich alles überstehen."

Jedes Mal, wenn das Baby tritt, sagt Jesus damit: „Ich bin mächtiger als das Böse. Ich bin mächtiger als das, was dir angetan wurde. Das hat meine Auferstehung für dich getan."

Das Böse hatte nicht gesiegt. Mitten im Tod, im Bösen und im Schmerz bricht neues Leben hervor.

## KAPITEL 9

# Das Abendmahl ist anders, als du denkst

Es ist nicht einfach
eine Mahlzeit; es ist ein
heiliger Ort

**Vor Jahren fuhr ein messianischer Jude namens Ilan Zamir in Israel durch ein arabisches Dorf, als ihm plötzlich jemand vors Auto lief.** Er machte zwar noch eine Vollbremsung, aber es war bereits zu spät. Er überfuhr und tötete einen 13-jährigen Palästinenserjungen. Weil er taub war, hatte der Junge das Auto nicht kommen hören.

Ilan war ein Jesus-Nachfolger und wollte sich deshalb versöhnen, Wiedergutmachung leisten und alles in seiner Macht Stehende tun, um Vergebung zu finden. Leider gehört die Beziehung zwischen Juden und Palästinensern zu den wohl schwierigsten und angespanntesten Beziehungen überhaupt. Es gibt zahllose Fälle, wo von beiden Seiten schwerste Vergehen gegen die jeweils andere Seite verübt wurden, weil man der Überzeugung war, der andere sei der Feind.

Der Tod des Jungen und seine eigene Beteiligung daran ließen Ilan einfach nicht los, und so war er entschlossen, es, so gut er konnte, wiedergutzumachen. Als er seinen jüdischen Freunden von seinen Absichten erzählte, stieß Ilan auf Unverständnis. Ein israelischer Polizist warnte ihn schließlich: „Was du vorhast, ist gefährlich. Du kannst ernsthafte Schwierigkeiten bekommen. Du bist israelischer Jude, und die Menschen, mit denen du dich treffen willst, sind Araber aus dem Westjordanland."

Ilan wusste, wie gefährlich es war, sich um Versöhnung zu bemühen. Schließlich erlaubten bestimmte arabische Traditionen der Familie, ihn aus Vergeltung zu töten. Aber nach einem Gespräch mit einem arabischen Pastor beschloss Ilan, ein *Sulha*-Ritual zu planen – eine traditionelle Mahlzeit, die in arabischen Kulturen als Versöhnungsmahl gilt. Das hebräische Wort dafür ist *Schulchan*, was so viel wie „Tisch" bedeutet. Also bereitete er eine Mahlzeit vor. Ob sie seine Entschuldigung annehmen und ihm vergeben würden? Würden sie ihn anschreien? Oder würden sie ihn sogar angreifen? Aber wer seinen Mitmenschen liebt, ist bereit, Risiken einzugehen, also ging Ilan das Risiko ein. Er beschreibt das, was dann geschah, so:

*Der Kaffee stand unberührt auf dem Tisch. Gemäß der Tradition musste der Vater als Erster trinken – als Zeichen dafür, dass er die Versöhnungsgeste annahm und tatsächlich bereit war zu vergeben. Bis zu diesem Punkt hatte sein angespannter Gesichtsausdruck das Treffen überschattet, aber nun fing er plötzlich an zu lächeln. Die Sorgenfalten in seinem Gesicht glätteten sich. Er sah mir geradewegs ins Gesicht, und sein Lächeln wurde breiter, als er auf mich zukam und die Arme ausbreitete, um mich zu umarmen. Als wir uns in den Armen lagen, küsste er mich feierlich dreimal auf meine Wangen. Alle fingen an, sich die Hände zu schütteln, als der Familienvater seinen Kaffee trank. Die Atmosphäre hatte sich völlig gewandelt, die Anspannung war verschwunden.*[1]

Gegen Ende der Mahlzeit sah einer der Anwesenden Ilan an und sagte: „Du weißt, mein Bruder, dass du jetzt an der Stelle des verstorbenen Sohnes stehst. Du hast irgendwo anders eine Familie und ein Zuhause, aber das hier ist jetzt dein zweites Zuhause."

Kannst du dir vorstellen, was für eine Welle von Liebe, Gnade und Versöhnung nicht nur über Ilan, sondern über die ganze Tischgemeinschaft rollt? Augenblicke wie dieser haben einen ganz besonderen Geist und eine Schönheit, die man nicht in Worte fassen kann.

In fast allen Kulturen, außer unserer postmodernen westlichen Kultur, ist die Tischgemeinschaft etwas zutiefst Heiliges. Sie ist ein Ort des Friedens, der Liebe und des Bündnisses. Wer auch immer gemeinsam am Tisch sitzt und isst, mit dem verbindest du dich. Wer auch immer zusammen am Tisch sitzt, der ist auf gewisse Art eine Familie. Manche Kulturen gehen sogar so weit, dass der Hausvater dafür verantwortlich ist, diejenigen, die an seinem Tisch sitzen, um jeden Preis zu beschützen – auch wenn es ihn das Leben kostet. Es ist eine Ehre und Gastfreundschaft eine Kunst.

Aber in unserer heutigen Welt ist dieses Konzept leider fast ganz in Vergessenheit geraten. Mahlzeiten müssen schnell und effizient sein und finden meistens vor dem Fernseher oder mit dem Handy in der Hand statt. Essen dient einfach nur dem „Auftanken". Ich bin in einer Kultur aufgewachsen, in der Sport verehrt wird, und habe auf der Uni Baseball gespielt. Dort liefen die Mahlzeiten nicht schnell und praktisch ab, sondern sie dienten der wissenschaftlich durchgeplanten Aufnahme von „biologischem Kraftstoff". Es ging um Kalorien, Kohlenhydrate und das richtige Verhältnis von irgendwelchen Nährstoffen.

In den USA ist die Tischgemeinschaft eine verloren gegangene Kunst. Nur wenige Familien nehmen bei uns wenigstens einmal pro Woche eine gemeinsame Mahlzeit ein und bezeichnen das Ganze dann als *Familienessen*, was ich seltsam finde. Sollte es nicht selbstverständlich sein, dass man Mahlzeiten als Familie gemeinsam einnimmt? Und sollte es nicht einer der natürlichsten und grundlegendsten Bestandteile unseres Alltags sein, sich gemeinsam an einen Tisch zu setzen und zu essen?

In unserer Kultur setzen wir uns meistens gar nicht mehr an einen Tisch, um gemeinsam zu essen, um zu erzählen und uns auszutauschen. Für uns sind Mahlzeiten nicht länger ein heiliger Ort, so wie ein Tempel oder Altar. Aber genau so wird die Tischgemeinschaft traditionell in jüdischen Familien gesehen. Es ist gewissermaßen ein Familienaltar, ein kleines Heiligtum, an dem Gott zugegen ist.

Was wäre, wenn wir die Tischgemeinschaft auch so sehen würden? Was wäre, wenn wir jedes Mal, wenn wir uns zum Essen an einen Tisch setzen – was uns ständig an unsere Bedürftigkeit erinnert –, daran glauben würden, dass Gott in diesem Moment zugegen ist? Dass der Tisch ein Ort ist, an dem man seine Gegenwart erfährt?

Zu Jesu Zeiten bedeutete Tischgemeinschaft Familie und Frieden. Deshalb wurde er auch von den religiösen Führern wegen seiner Tischgenossen so rundweg abgelehnt. Im 9. Kapitel des Matthäusevangeliums können wir nachlesen, dass die Jünger bei einer Gelegenheit sogar ganz selbstgefällig gefragt werden: „Warum isst euer Meister mit den Zöllnern und Sündern?“[2] Heutzutage verurteilen Fromme Jesus-Nachfolger vielleicht, weil sie sich tätowieren lassen oder säkulare Musik hören, aber damals verurteilten sie ihn, weil er mit den falschen Leuten aß.

Zusammen zu essen ist ein Zeichen von Vertrautheit. Es bedeutete Freundschaft. Es bedeutete Familienzugehörigkeit. Es bedeutete Frieden, es war eine Zusage und bedeutete Schutz. J. R. R. Tolkien schrieb treffend: „Gäbe es solche nur mehr, die ein gutes Essen, einen Scherz und ein Lied höher achten als gehortetes Gold, so wäre die Welt glücklicher.“[3]

Tischgemeinschaft hat etwas ganz Besonderes. Selbst wie sie gestaltet wird, hat eine zutiefst symbolische Bedeutung. Alle setzen sich hin. In manchen Kulturen sitzen während der Mahlzeit alle auf dem Boden, in anderen sitzt man um einen Tisch herum, aber in beiden Fällen sind alle auf der gleichen Stufe. Alle sind gleich. Wenn man in einer Tischgemeinschaft zusammensitzt, sieht man einander in die Augen.

Jesus wusste um die Kraft der Tischgemeinschaft und benutzte sie auf einzigartige Weise. Er gab nie nur geistliche Fakten weiter, sondern kam in das Leben der Menschen hinein und ließ die Wahrheit bei Tische ruhen.

## Keine Theorie, sondern eine Mahlzeit

Selbst wenn man kein Jesus-Nachfolger ist, kann man wohl sagen, dass es in der Geschichte der Menschheit kein Ereignis gibt, das so weitreichende Auswirkungen hatte, wie sein Tod am Kreuz. Es hat mehr Menschen verändert und beeinflusst und hat Eingang in mehr Kulturen und Sprachen gefunden als irgendetwas sonst. Man sollte also meinen, Jesus würde an seinem letzten Abend seine beste Predigt auspacken oder sein bestes Bibelstudium präsentieren, um sicherzustellen, dass seine Jünger wirklich verstanden, was nun passieren würde.

Er war drei Jahre mit ihnen unterwegs gewesen und jetzt nur noch vierundzwanzig Stunden von dem entfernt, worauf alles hinausgelaufen war. Man sollte doch erwarten, dass er jetzt jedes bisschen Wahrheit, jeden geistlichen Aspekt und jeden Fakt weitergeben würde, damit die Jünger möglichst gut vorbereitet waren.

Wenn wir den Bericht über jenen letzten Abend lesen, den Jesus mit seinen Jüngern verbrachte – Männern, die er seit drei

Jahren gut kannte –, erwarten wir doch die beste Predigt seines Lebens, oder? Oder wenigstens eine Wiederholung oder Zusammenfassung von all dem, was er sie in den vergangenen drei Jahren gelehrt hatte. Aber es gab keine Wandtafel, keine Kanzel und kein Lehrbuch über systematische Theologie.

Jesus sagte nicht: „Also, meine lieben Jünger. Hier ist mein Skript zum Thema ‚Sühne'. Das müsst ihr auswendig lernen, und gebt acht, dass ihr die theologische Wahrheit hinter dem versteht, was als Nächstes geschehen wird."

Er hat nichts dergleichen getan. Stattdessen hat er als allerletzte gemeinsame Tat in seinem Leben mit ihnen *gegessen.*

Um ihnen das größte Ereignis der Menschheitsgeschichte zu erklären, präsentierte Jesus ihnen keine Theorie, keine Formel und keine Gleichung; er präsentierte ihnen eine *Mahlzeit.*

Er benutzte Brot und Wein, um das Kreuz zu erklären.

Die Tischgemeinschaft ist ein heiliger Ort.

Wir müssen mehr denn je die Kunst wiederentdecken, mit anderen Menschen, die wie wir nach dem Ebenbild Gottes erschaffen wurden, an einem Tisch zu sitzen. In einer Kultur mit immer weniger Menschlichkeit, einer Kultur, die Menschen auf ihre Profilbilder im Internet, ihre Titel und ihr Versagen reduziert, ist die Tischgemeinschaft eine Möglichkeit, ihre Herrlichkeit wiederherzustellen. Ich erlebe das hautnah bei allen, mit denen ich mich online austausche.

Weil ich eine Person des öffentlichen Lebens bin (was auch immer das heißt), habe ich festgestellt, dass die Menschen auf Twitter, Facebook und anderswo alles Mögliche über mich sagen, was sie mir niemals ins Gesicht sagen würden. Und zwar nicht, weil sie Angst hätten (ich bin nicht besonders kräftig oder Furcht einflößend), sondern weil es sich einfach falsch anfühlt, zu jemandem unhöflich zu sein, dem man Auge in Auge gegenübersteht.

Wenn wir andere nicht länger als Menschen sehen (weil sie für uns beispielsweise nur noch irgendein Profil auf Facebook sind), können wir sie ablehnen, herabsetzen und unhöflich zu ihnen sein. Aber wenn wir ihnen persönlich gegenüberstehen, ist es viel schwerer, herablassend oder gemein zu sein oder sich über andere lustig zu machen, auch wenn wir mit ihnen nicht einer Meinung sind. Denn etwas in uns will nicht, dass sich unser Gegenüber wegen uns schlecht fühlt.

Der Komiker Louis C. K. sagte über die Auswirkungen der Smartphones auf die soziale Entwicklung von Kindern:

*Ich glaube, die Dinger sind Gift, vor allem für Kinder … Sie schauen die Leute nicht mehr an, wenn sie mit ihnen sprechen, und sie entwickeln kein Mitgefühl mehr. Wir wissen, dass Kinder gemein sein können, weil sie die Grenzen austesten. Sie blicken ein anderes Kind an und sagen: „Du bist fett." Und dann sehen sie, wie sich das Gesicht des anderen verzieht, und denken: „Oh, es fühlt sich nicht gut an, wenn er wegen mir das Gesicht verzieht, weil er sich schlecht fühlt." Aber sie probieren es erst einmal aus, gemein zu sein. Doch wenn sie „Du bist fett" schreiben und nicht sehen, was das mit ihrem Gegenüber macht, dann denken sie nur: Hm, das macht Spaß. Das gefällt mir.*[4]

Das Internet verändert unseren Umgang miteinander, weil man im Internet nicht sieht, was die eigenen Worte beim anderen anrichten. Man sieht die Kränkung in den Gesichtern nicht, man hört den Schmerz in der Stimme nicht. Wenn wir beides jedoch sehen beziehungsweise hören, löst es etwas in uns aus. Wir entwickeln Mitgefühl. Wir nehmen eine andere Haltung ein. Und bemühen uns um den anderen.

Wir im Westen brauchen die Tischgemeinschaft mehr denn je. Natürlich geht es nicht nur uns so, und die Versöhnung, die durch Tischgemeinschaft möglich gemacht wird, wird überall gebraucht. Jeder ist gegen irgendjemand anderen. Konservative mögen Liberale nicht. Homosexuelle mögen Christen nicht. Israelis mögen Palästinenser nicht. Weiße Polizisten mögen keine schwarzen Teenager.

Diese Klischees treffen natürlich nicht überall zu, aber wir glauben dieser Lüge doch und hören in den Medien immer und immer wieder die gleichen Geschichten.

Während ich diese Zeilen schreibe, gibt es in den USA einen landesweiten Aufschrei wegen der Ereignisse um die Todesfälle der beiden Afroamerikaner Michael Brown in Ferguson, Missouri, und Eric Garner in New York. Millionen von Menschen gehen auf die Straße.

Das Schlimmste daran ist für mich, wenn Menschen die gegenwärtige Angst und den Schmerz meiner farbigen Brüder und Schwestern verharmlosen oder sich nicht die Mühe machen, ihre Lage zu verstehen. Wir müssen begreifen, dass es für uns ein Muss ist, das Leid anderer mitzutragen, vor allem wenn wir Jesus-Nachfolger sind. Es gehört zu unserer Aufgabe als Jesus-Nachfolger, dass wir das Leid anderer zu unserem Leid machen. Dass wir es mitfühlen. Dass wir es tragen. Dass wir so gut wie möglich für sie eintreten, denn genau das hat Jesus auch für uns getan.

Wenn ich sehe, dass andere sich nicht die geringste Mühe geben zu verstehen, nur rhetorische Phrasen dreschen und demjenigen, der ihrer Meinung nach recht hat, mehr Wert beimessen – als sei das alles, worauf es im Leben ankommt –, bin ich noch mehr davon überzeugt, dass die Tischgemeinschaft ein wunderbarer Ort der Heilung und Versöhnung sein kann.

Ich bin froh, dass durch Fälle wie diese, die unsere gesamte Nation betreffen, die Kränkung, der Schmerz und die Angst, die die ganze Zeit schon vorhanden waren, an die Oberfläche kommen und wir uns damit auseinandersetzen müssen. Was würde wohl geschehen, wenn eine Gruppe Weißer ihre schwarzen Nachbarn zum Essen einladen würde und sie einfach nur ihre Geschichte erzählen ließen? Oder wenn die Menschen eines Viertels ein paar Polizisten zum Essen einladen würden und sie erzählen ließen, wie schwer ihr Job ist? Ich weiß von vielen Pastoren und Leitern im ganzen Land, die die Demonstrationen als Gelegenheit nutzen, einmal wirklich zuzuhören. Sich mit den Menschen hinzusetzen. Fragen zu stellen. Gemeinsam zu essen.

Genau genommen stamme ich von den Ureinwohnern Amerikas ab, aber mir ist durchaus bewusst, dass ich wie ein Weißer aussehe oder jedenfalls weiß genug bin, um die Vorteile zu genießen, die das mit sich bringt. Wenn Alyssa und ich einmal einen Sohn haben, wird die Wahrscheinlichkeit, dass er von einem Polizisten erschossen wird, 21-mal geringer sein als bei seinem schwarzen Freund. Wusstest du das? Das bedeutet, dass erst 21 farbige Teenys von Polizisten getötet werden müssten, damit die statistische Wahrscheinlichkeit gegeben ist, dass mein weißer Sohn erschossen wird.

Solche Sachen wirst du bei gemeinsamen Essen hören. Hab keine Angst, dich mit deinen Nachbarn hinzusetzen und sie danach zu fragen. Frag deine Feinde. Frag sie, in welcher Weise sie wegen ihrer Hautfarbe verletzt, verurteilt oder verleumdet wurden. Frag sie, und hör ihnen zu, anstatt Vermutungen anzustellen. Du wirst überrascht sein, was das mit deiner und ihrer Seele macht.

Die Tischgemeinschaft ist nicht einfach nur zum Essen da, sie ist ein Symbol für eine Familie. Für Einheit. Für ein Wir-stehen-das-gemeinsam-durch-Gefühl.

*Rabbi Pinchas stellt seinen Schülern eine knifflige Frage: Woran erkennt man, wann die Nacht zu Ende ist und der Tag beginnt? Nach längerem Grübeln sagt ein Schüler: „Wenn ich von Ferne das Schaf von der Ziege unterscheiden kann, dann hat der Tag begonnen." Ein zweiter meint: „Wenn ich von Ferne den Olivenbaum vom Feigenbaum unterscheiden kann, dann ist die Nacht zu Ende." So diskutieren sie eine Weile. Schließlich spricht der Rabbi: „Wenn du eine Frau triffst und zu ihr, egal, ob sie weiß ist oder schwarz, sagen kannst: Du bist meine Schwester; wenn du einen Mann triffst und du zu ihm, egal, ob er arm ist oder reich, sagen kannst: Du bist mein Bruder – dann ist die Nacht zu Ende, und der Tag beginnt."*[5]

Wenn man sich an die Straßenecke stellt und die Menschen anschreit, wird sich nichts ändern. Es verändert sich viel mehr, wenn wir zusammen am Tisch sitzen, einander ins Gesicht schauen und das Brot brechen. Gott hat die Tischgemeinschaft zu einem heiligen Ort gemacht. Jesus lässt uns nicht im Unklaren darüber, wie sein Königreich aussieht, wir müssen nur nachlesen, wie es hier auf der Erde ausgesehen hat. Und einer der Hauptbestandteile seines Reiches war, dass Jesus mit den Menschen *aß*. Er setzte sich mit ihnen an einen Tisch.

Die Tischgemeinschaft hat etwas Mysteriöses und Schönes. Die Tischgemeinschaft ist skandalös und subversiv.

Jesus aß oft mit Menschen und erklärte, dass das Königreich nah sei, und wir täten gut daran, es ihm nachzumachen. Wie wäre es, wenn wir die zum Essen einladen, mit denen wir nicht einer Meinung sind oder deren Blickwinkel wir nicht nachvollziehen können?

## Bibelstudium bei Jesus

In der Bibel ist die Tischgemeinschaft eng mit der Vermittlung von Wahrheit verbunden. Es ist ein Ort des Lernens, der Erfahrungen, der Lehre. Wem Wahrheit wichtig ist, dem sollte auch die Tischgemeinschaft wichtig sein, denn in der Bibel gab es das eine nicht ohne das andere. Erst unser postmodernes Denken legt so großes Gewicht auf intellektuelle Zustimmung und Tatsachen, die vielen Kulturen vor uns völlig fremd gewesen wären.

Eine meiner Lieblingsgeschichten in der Bibel – und wahrscheinlich auch eine der am meisten unterschätzten – ist eine Begebenheit nach der Auferstehung. Jesus ist gerade von den Römern gekreuzigt worden, und damit ist jede Hoffnung zunichte, dass er derjenige war, der Israel wieder zu einem großen Reich machen würde. Ich kann mir gut vorstellen, wie groß die Enttäuschung mancher Jünger ist, die Jesus jahrelang nachgefolgt sind, um dann zusehen zu müssen, wie er an einen Balken genagelt wird, als sei er ein Verbrecher. Im 1. Jahrhundert hat ein gekreuzigter Erlöser niemanden mehr erlöst.

Dann kommt der Sonntag. Das Grab öffnet sich, das Blut beginnt wieder, durch seine Adern zu strömen, und die ganze Erde bebt. Die Menschheitsgeschichte nimmt mit der Auferstehung Jesu eine dramatische Wendung. Jesus ist Gottes Antwort auf die Probleme der Welt, und er hat gerade den Sieg errungen.

Man sollte meinen, Jesus würde nach einem so umwälzenden Ereignis irgendwas Heroisches tun, aber was er tut, ist schon beinahe enttäuschend.

Das Lukasevangelium berichtet von zwei Männern, die auf der Straße nach Emmaus unterwegs sind und über das sprechen, was in den letzten Tagen passiert ist. Sie versuchen wahrscheinlich zu verdauen, was gerade geschehen ist. Während sie sich unterhalten, gesellt sich Jesus zu ihnen, aber „sie – wie mit Blindheit geschlagen – erkannten ihn nicht".

Jesus fragt, worüber sie da reden. Sie erwidern ziemlich irritiert: „Ich glaube, du bist der Einzige in Jerusalem, der nichts von den Ereignissen der letzten Tage gehört hat."

*Hey, Kumpel, wo bist du denn gewesen?*

Sie gestehen sogar, dass sie große Hoffnungen in Jesus gesetzt und gehofft hatten, „dass er der von Gott versprochene Retter ist, der Israel befreit". Und sie glauben, dass diese Hoffnungen in dem Augenblick geplatzt sind, als Jesus starb. Daraufhin richtet Jesus ein paar sehr deutliche Worte an die beiden: „Wie wenig versteht ihr doch! Warum begreift und glaubt ihr nicht, was die Propheten gesagt haben? Musste Christus nicht all dies erleiden, bevor Gott ihn zum Herrn über alles einsetzt?"

Mit anderen Worten: „Seid ihr dumm? Es war doch von vornherein klar, dass der Messias sterben muss!" (Vielleicht hätte er mit den Jungs ein bisschen nachsichtig sein können, denn bis zu diesem Zeitpunkt hatte noch so gut wie niemand in der ganzen Menschheitsgeschichte die Schriften der Propheten gelesen und war dann auf den Gedanken gekommen, dass der angekündigte Messias ans Kreuz genagelt werden würde. Das führt uns mal wieder vor Augen, dass man die Bibel so lesen kann, dass man Jesus dabei völlig überliest.)

Jesus erklärt ihnen daraufhin, „was in der Heiligen Schrift über ihn gesagt wird – von den Büchern Mose angefangen bis zu den Propheten".[6]

Zur Zeit Jesu bestanden die Heiligen Schriften (also die Bibel) aus dem, was Christen heute das Alte Testament oder heutige Juden die hebräische Bibel oder *Tanach* nennen. Jesus höchstpersönlich, Gott in Fleisch und Blut, erklärt ihnen also das *gesamte Alte Testament.* Jesus beginnt buchstäblich auf Seite 1 und geht mit ihnen alles bis zum Ende durch. Dabei zeigt er ihnen, dass er schon immer die Antwort gewesen ist, ohne dass sie wissen, wer er ist.

Der Schöpfer des Universums selbst erklärte diesen Jungs die Bibel. Er ließ sie nicht länger im Unklaren. Gott selbst sagte: „Schaut doch! Das sollte schon immer so geschehen. Fangen wir einmal auf Seite 1 an und ich zeige es euch durch die ganze Bibel hindurch."

Man sollte meinen, sie seien völlig von den Socken gewesen und hätten vor lauter biblischen Wahrheiten die Matrixziffern den Bildschirm hinunterlaufen sehen. Aber es scheint nichts zu passieren.

Sie laufen weiter, und als sie kurz vor Emmaus sind, sehen sie, dass Jesus weitergehen will. Stattdessen bitten sie ihn, die Nacht bei ihnen zu bleiben. In der nahöstlichen Kultur war es eine Ehre, Gäste zu haben, vor allem wenn sie noch weiterreisen mussten und es schon spät war.

Als Erstes setzen sie sich an einen Tisch und essen zusammen. Aber dann passiert etwas Verrücktes: „Als sie sich zum Essen niedergelassen hatten, nahm Jesus das Brot, dankte dafür, teilte es in Stücke und gab es ihnen. Da plötzlich erkannten sie ihn. Doch er verschwand vor ihren Augen."

Jesus geht die ganze Bibel mit den beiden durch und nichts passiert. Dann bricht er ein Stück Brot durch und sie erkennen ihn sofort.

Hinterher sagen sie sogar: „Hat es uns nicht tief berührt, als er unterwegs mit uns sprach und uns die Heilige Schrift erklärte?"[7]

In unserem westlich geprägten Gehirn löst das beinahe einen Kurzschluss aus. Die Herzensänderung, das Öffnen der Augen, die Offenbarung, die göttliche Erscheinung, wie auch immer du es nennen willst – nichts davon passierte, als ihnen alle Fakten präsentiert wurden. Es geschah, als sie bei Tisch saßen. Es geschah, als sie gemeinsam aßen. Als sie in Beziehung zueinander traten.

Nach einer Geschichte wie dieser muss man sich schon sehr anstrengen, um *nicht* daran zu glauben, dass Tischgemeinschaft und eine gemeinsame Mahlzeit für Jesus und die Bibel von großer Bedeutung sind. Das Komische daran ist nur, dass viele von uns es lieber gesehen hätten, wenn den beiden Jüngern die Erleuchtung durch das erste Szenario gekommen wäre.

Unsere Wunschvorstellung von Christsein ist, dass wir alle Antworten haben. Könnte Jesus nicht einfach bei uns im Zimmer auftauchen und uns sagen, was wir tun und glauben sollen? Na ja: Genau das hat er mit den beiden Jungs ja gemacht, und es war nicht so wirkungsvoll, wie wir denken.

Aber als sie mit ihm am Tisch saßen, veränderte das ihr Leben.

Hier eine schwierige Frage, die du dir selbst stellen solltest: Wäre es dir lieber, wenn Jesus dir alle Antworten gäbe, oder würdest du lieber mit ihm zusammen essen?

Versteh mich nicht falsch. Wahrheit ist lebenswichtig. Die Bibel ist das Buch, in dem ich am liebsten forsche, auf das ich am liebsten höre und in das ich am liebsten abtauche. Aber Jesus hat die Wahrheit immer, immer, immer mit Fleisch und Blut verbunden. Mit Vertrautheit. Mit echtem Leben.

Christsein ist keine Prüfung – wir müssen nicht lauter Fakten auswendig lernen und wiederkäuen. Jesus will uns die Augen öffnen, wenn wir mit ihm am Tisch sitzen und Beziehung pflegen. Für das eine braucht es eine Beziehung, für das andere nicht. Eine Mahlzeit am Tisch ist lang, man unterhält sich, man tauscht sich aus, und es ist schön.

Was wäre, wenn wir das Christsein so sehen würden? Kein Wunder, dass Jesus selbst Wörter wie „Hochzeitsmahl“, „Fest“ und „Feier“ verwendet, um das Reich Gottes zu beschreiben.

Nach unserer Vorstellung sieht Jesus-Nachfolge so aus, dass wir alle Fakten kennen. Nach der Vorstellung von Jesus sieht Nachfolge so aus, dass er mit uns gemeinsam am Tisch sitzt.

Wenn ich morgens die Bibel aufschlage, dann tut ein Teil von mir das, damit ich das Bibellesen auf meiner Liste abhaken kann. Ich mache es, um konkrete Antworten für den Tag zu finden. Aber mit Hoffnung, Frieden und Liebe erfüllt sind gerade die Tage, an denen ich in dieser Zeit am Morgen einfach nur bei Jesus sitze. Ihn näher kennenlerne. Mit ihm rede. Von ihm lerne.

Diese gemeinsame Zeit erfordert von mir vor allem eines: Disziplin. Es fällt mir schwer, einfach nur dazusitzen, still zu sein und eine Weile zuzuhören und dann mit ihm zu sprechen, ihm für alles zu danken, was er getan hat, und dann Fragen zu stellen und ihn um Hilfe zu bitten. Gebet und Bibellesen sind ein Dialog, kein Monolog.

Das Problem ist, dass viele von uns westlichen Christen dieses Problem haben. Wir sind darauf gedrillt, aus beinahe jedem Aspekt unseres christlichen Lebens Leben, Fleisch und Blut und Vertrautheit herauszunehmen und nur ein Skelett voller Fakten zurückzulassen.

Nehmen wir zum Beispiel das Abendmahl. Die meisten von uns, die schon einmal daran teilgenommen haben, haben vielleicht unterschiedliche Ansichten darüber, wie es praktiziert werden sollte, aber viele von uns machen es abstrakter, als es ursprünglich gedacht war.

Einer meiner Mentoren hat meine diesbezüglichen Vorstellungen in eine ganz neue Richtung gelenkt. Er erzählte mir ein Beispiel, das ich nie vergessen habe. Nehmen wir einmal an, du würdest 2 000 Jahre in die Zukunft reisen (vielleicht noch mal mit dem DeLorean). Versuch mal, dir die ersten Minuten nach deiner Ankunft vorzustellen.

Alles wäre so fremd und fortschrittlich und anders, dass es wahrscheinlich sogar schwierig wäre zu überleben. Deshalb würdest du als Erstes nach vertrauten Hinweisen suchen – so wie wir im Ausland nach dem nächsten McDonald's oder Apple Store suchen (na ja, vielleicht geht es nur mir bei Letzterem so). Unterwegs hörst du, wie jemand Werbung für eine große Thanksgiving-Feier am Abend macht.

Deine Miene erhellt sich sofort. Es ist nicht nur etwas, das dir vertraut ist, sondern du *liebst* Thanksgiving. Ich liebe es zumindest. Der Truthahn (natürlich nur dunkles Fleisch), die Füllung, der Kartoffelbrei, der Kürbiskuchen. Aber nicht nur das Essen. Die Spiele, die Zeit mit der Familie, der Tag, den man zusammen verbringt, man redet, schaut Football, entspannt und schlägt sich mit dem einen kauzigen Onkel herum, den es in jeder Familie gibt. (Falls meine Onkel das lesen: Unsere Familie bildet da natürlich die einzige Ausnahme.)

Es ist eine wunderbare, unglaublich schöne Zeit. Es gibt so viel, das man an Thanksgiving lieben kann. Wenn du also hörst, dass es an diesem Abend ein Festessen gibt, bringst du alle Einzelheiten in Erfahrung und machst dich startklar.

Am Abend gehst du zu dieser Adresse und betrittst das Haus. Aber zunächst ist alles sehr seltsam. Du fragst dich, ob du an der richtigen Adresse bist. Es ist ein großer Raum mit tausend Leuten drin und einer großen Bühne. Alle sitzen mit dem Gesicht nach vorn, sodass du nur die Köpfe von hinten siehst. Links von dir wird eine goldene Schale durch den Gang gereicht. Als sie zu dir kommt, siehst du, dass darin kleine, mundgerechte Stückchen Truthahnfleisch liegen. Um nicht aufzufallen, nimmst du dir ein Stück, wie alle anderen auch. Dann kommen winzige Becher mit sprudelndem Cidre und du nimmst auch davon einen.

Dann geht ein unbekannter Mann auf die Bühne und leitet das Thanksgiving-Essen. Der Mann links von dir tippt seinen Nachbarn an und meint zu ihm: „Dieses Thanksgiving-Essen war großartig! Das beste seit Langem! Es hat mich wirklich angesprochen."

Du weißt nicht, ob du schreien oder dir mit der Hand auf die Stirn schlagen sollst. Das hier hat nichts mit Thanksgiving-Essen zu tun!

Nun ja, eigentlich schon – wenn man glaubt, dass es beim Thanksgiving-Essen nur um ein Stück Truthahn und einen Schluck Cidre geht. Aber wenn du weißt – und wir wissen das –, dass es dabei um die Atmosphäre geht, um die Menschen, die Tischgemeinschaft, die Zeit miteinander, um das Footballschauen und Liebe, dann weißt du, dass das kein Thanksgiving war. Dir käme also die ganze Sache höchst seltsam vor. Diese Menschen haben alle Zutaten für ein Thanksgiving-Essen, aber sie haben ihm das Leben und die Freude entrissen.

Und genau das haben Christen in westlichen Ländern mit dem Abendmahl gemacht. Ich bin mir sicher, dass Paulus und Petrus sich genauso fehl am Platz vorkämen, wenn sie heute mit uns Abendmahl feiern würden, wie du in 2 000 Jahren bei diesem Thanksgiving-Essen.

Das letzte Passahmahl war in Wirklichkeit ein Festessen. Jesus verband seinen Tod mit einer Mahlzeit, damit wir nie vergessen, wie sehr wir ihn brauchen, da wir ja auch immer essen müssen. Er sagte: „Feiert dieses Mahl immer wieder, und denkt daran, was ich für euch getan habe, sooft ihr dieses Brot esst und diesen Wein trinkt."

Und nach der Auferstehung hat die erste Gemeinde das Abendmahl umgestaltet und ein Freudenmahl daraus gemacht. Es war ein Fest der Liebe. In der ersten Gemeinde gab es beim Abendmahl Tischgemeinschaft. Es war ein Ort, an dem jeder willkommen war. (Paulus erwähnt es in seinen Briefen nur einmal, und dort verurteilt er die Korinther scharf, weil sie etwas Exklusives daraus gemacht haben, wo nicht jeder willkommen ist.)

Das Mahl stand für gegenseitige Liebe, Opfer und Dienst. Damit zeigten sie, dass sie alle gleichermaßen auf Gnade und Vergebung angewiesen waren. Sie aßen zusammen Brot und tranken gemeinsam Wein als Hinweis auf Jesus und seinen Tod. Es war ein Merkmal der Nachfolger Jesu.

Doch unsere Version des Abendmahls erinnert mehr an die Ökonomie der industriellen Revolution als an die erste Gemeinde.

## Tischgemeinschaft schenkt Heilung

Ich hatte mit Zeiten tiefer Einsamkeit, Zerbrochenheit und sogar Depression zu kämpfen, und deshalb ist für mich Psalm 78 ein Ort unglaublicher Gnade: „Voller Misstrauen fragten sie: ‚Ist Gott denn überhaupt in der Lage, uns hier in der Wüste den Tisch zu decken?'"[8]

Kann Gott wirklich einen Tisch in der Wüste decken? Für das Volk Israel bedeutete die Wüste damals Tod, Schmerz, Mühsal und Qual. Dort draußen, in dieser Wüstenlandschaft, wuchs nichts. Mir ging es schon so manches Mal wie den Israeliten in Psalm 78. Auch ich habe schon genauso bissig oder verbittert gejammert und die gleichen Dinge gesagt. Die Sache mit dem Tisch war sicher nicht ganz ernst gemeint, aber sie zeigt, dass sie dachten, Gott könne es *nicht* tun. Doch wenn wir Gott eine Frage stellen, kann die Antwort uns manchmal überraschen.

Einer der seltsamsten Verse im Alten Testament steht bei Hosea. Das Volk Israel rebelliert und betet Gott nicht an. Um dem entgegenzuwirken, sagt er: „Dann aber will ich selbst sie umwerben. Ich werde sie in die Wüste bringen und ihr zu Herzen reden."[9]

Eine seltsame romantische Szene. Wo Israel nur Trockenheit sah, einen Ort, an den niemand gehen wollte und der nur Verfall bedeutete, sah Gott etwas ganz anderes. „Umwerben" ist ein unglaublich zärtliches Wort. Als wüsste Gott, dass es Dinge gibt, die wir nur in der Wüste lernen können.

Das erinnert mich irgendwie an die Sterne. Die Sterne sind immer da. Wenn du am Tag in den Himmel schaust, sind sie da. Du kannst sie bloß nicht sehen. Nur im Dunkeln strahlen, schimmern und funkeln sie.

Und wenn es mit Gott genauso ist? Was ist, wenn wir in unseren dunklen Zeiten aufschauen und nur dann seine Schönheit sehen? Was ist, wenn er gerade dann heller strahlt, wenn wir denken, alles sei außer Kontrolle? Denn wenn wir einmal ehrlich sind, wissen wir, dass der beste Ort, um die Sterne in all ihrer Pracht zu betrachten, die Wüste ist.

Und mitten in Israels (oder unsere) verbitterte oder bissige Frage hinein antwortet Gott mit Ja. Ja, er deckt uns wirklich einen Tisch in der Wüste. Er deckt einen Tisch, wenn wir das Gefühl haben, dass er schweigt. Er deckt einen Tisch, wenn wir mit Depressionen zu kämpfen haben. Er deckt einen Tisch, wenn die Schmerzen immer schlimmer werden.

Der Gott des Universums deckt dir und mir den Tisch. Er kommt zu uns und lässt uns nicht draußen in der Kälte stehen. Er deckt den Tisch inmitten der Rassenunruhen in Ferguson. Er deckt den Tisch für Israelis und Palästinenser und er deckt den Tisch für dich und mich. Er lädt uns ein, uns zu setzen, zu essen, zu lernen, zu lachen und vor allem zu lieben.

Was ist das für ein wunderschönes Bild: dass Gott uns nicht nur den Tisch deckt, sondern sich zu uns setzt. Er sieht uns an. Gott wurde Mensch und wohnte mitten unter uns. Das Wort beugte sich herab und schlug seine Zelte mitten unter uns auf. Du musst dich nicht auf die Suche nach Gott machen, weil er genau hier ist, an jedem Tisch, wo jemand eingeladen wird.

Wir gehören alle zur Familie. Wir sind unterschiedlich, wir sind einzigartig und wir gehören alle zum Leib unseres Königs Jesus. Wir haben den gleichen Nachnamen und nur darauf kommt es an. Ein Sprichwort sagt: „Blut ist dicker als Wasser", und das ist wahr. Nur dass es nicht unser Blut ist, das uns vereint, sondern seines. Und das Beste daran ist, dass wir alle eingeladen sind, an den Tisch zu kommen, so wie es in einer echten Familie sein sollte. Die Frage ist nur: Wirst du dich setzen?

Bei meinem letzten Besuch in Israel wurde ich zu einer Anbetungsnacht eingeladen. Was ich allerdings nicht wusste, war, dass diese im Verborgenen stattfinden würde, weil einige der einflussreichsten christlichen Palästinenser und Juden der Region kamen. Die Anbetungsnacht musste zu einer bestimmten Zeit des Jahres stattfinden, weil es dann für alle am leichtesten war, über die Grenze und durch die Kontrollen zu kommen.

Erwachsene Männer schrien das Lob Jesu so laut sie konnten auf Arabisch und Hebräisch heraus. Ich hätte gern Bilder gemacht oder gefilmt, aber das war strengstens verboten. Viele Menschen hätten ihre Arbeitsstelle oder sogar ihr Leben verlieren können, wenn andere erfahren hätten, dass sie dort mit ihren vermeintlichen Feinden zusammentrafen. Aber egal, auch ohne Bilder werde ich diese Nacht niemals vergessen.

Ich empfand es als unglaubliche Gnade, mitanhören zu dürfen, wie Jeshua (der hebräische Name für Jesus) und Isa (der arabische Name für Jesus) in einem Raum voller Menschen verkündet wurde, von denen die meisten Geschwister oder Eltern in den Kriegen und Intifadas verloren hatten. Gegen Ende der Nacht fingen sie an zu tanzen. Ich wurde zusammen mit einigen erwachsenen Männern nach vorn geschoben, wir legten einander die Arme um die Schultern, bildeten einen Kreis und fingen an, zu singen und zu tanzen.

Außer „Jeshua" verstand ich kein Wort von dem, was sie sagten, aber ich wusste, dass sie alle freudig erregt waren und ihre Liebe zu den Geschwistern und zu Jesus nicht zurückhalten konnten. Ich weiß noch, dass ich nach links und rechts schaute und einen sehr einflussreichen Palästinenser und einen sehr einflussreichen Juden sah, die Arm in Arm sangen und tanzten.

Ich glaube, so wird es im Himmel sein. Es wundert mich nicht, dass in der Offenbarung das Ende der Zeit als „Hochzeitsfest des Lammes" beschrieben wird.[10]

In einer seiner Visionen sieht Johannes *alle* Nationen, *alle* Stämme, *alle* Völker und Menschen *aller* Sprachen vor dem Thron stehen und mit lauter Stimme rufen: „Heil und Rettung kommen allein von unserem Gott, der auf dem Thron sitzt, und von dem Lamm!"[11]

Das ist unser Ziel. Wir kennen das Ende der Geschichte schon, aber uns stellt sich folgende Frage: Wird uns der Kurs unseres Lebens dorthin bringen? Oder sind wir auf einem anderen Kurs unterwegs?

Die Tischgemeinschaft, die Vertrautheit, die Gute Nachricht und der Tempel sind deshalb so wichtig, weil es bei allen um Beziehung geht. Du kannst eine Geschichte nur dann erzählen, wenn du eine Beziehung zu deinen Zuhörern hast. Ohne eine zweite Person gibt es keine Vertrautheit. Du kannst die Kraft der Tischgemeinschaft nur dann genießen, wenn noch andere dabei sind.

Und wie würde unser Leben aussehen, wenn wir dahin zurückkehren würden? So viele junge Menschen kehren dem Glauben ihrer Kindheit den Rücken, wenn sie älter werden, weil sie ihn nie wirklich gekannt haben. Oder anders ausgedrückt könnte man vielleicht sagen, sie haben Jesus nie wirklich gekannt.

Fakten kann man leicht hinter sich lassen. Es ist leicht, seine Meinung zu ändern. Es ist leicht, etwas wegzuwerfen und zu vergessen.

Aber es ist unheimlich schwer, eine Person zu vergessen. Eine Beziehung. Es ist schwer, es nicht zu vermissen, gekannt und geliebt zu werden und gleichzeitig Vergebung zu erleben. Das bietet Jesus uns an und dazu lädt er uns ein.

Mit ihm am Tisch zu sitzen.

Er hat uns schon vor langer Zeit eingeladen. Es wird Zeit, dass wir uns setzen.

SCHLUSSWORT

# Ein letztes Wort an meine Freunde

**Wenn du es bis hierhin geschafft hast, dann will ich dir herzlich danken.** Ein Buch zu schreiben ist ein Ringen um Worte, Zeit, Kraft und Disziplin. Dieses Buch lag ganz besonders schwer auf mir, weil ich Jesus in den vergangenen beiden Jahren durch diese Gedanken sehr viel nähergekommen bin, und ich wollte es unbedingt auf eine Weise schreiben, die bei dir das Gleiche bewirken würde. Wenn du auf der letzten Seite angekommen bist, dann hoffe ich, dass du ihm näher bist, ihn mehr liebst und erkannt hast, dass das, was man Christsein nennt, ein Tanz voller Rätsel, Wahrheit, Gnade und Schönheit ist.

Jemand hat einmal gesagt, das Evangelium sei wie ein Obdachloser, der Brot findet und allen anderen erzählt, wo sie dieses Brot auch finden können. Wenn du ausgelaugt, müde oder kaputt bist, dann solltest du wissen, dass wir das alle sind. Aber Gott heilt, stellt wieder her und macht uns und diese Welt neu.

Was mir am Bücherschreiben am meisten gefällt, ist, dass es heutzutage zu einem Dialog wird. Durch das Internet und die sozialen Netzwerke kannst du, während du dieses Buch liest oder hinterher, mit mir twittern oder dich sonst irgendwie mit mir austauschen. Ein seltsamer Gedanke, aber noch vor zwanzig Jahren war das nicht möglich. Damals hättest du einen Brief schreiben können, aber das kostete viel Zeit und Kraft.

Wenn du gerade mit dem Buch fertig geworden bist, würde ich gern von dir hören. Gedanken, Feedback, Fragen oder eine andere Meinung. Das Schöne am christlichen Glauben ist ja, dass es keine Fans gibt, nur Familienangehörige. Hier sind meine Kontaktdaten in den sozialen Netzwerken. Komm doch vorbei und sag Hallo.

| | |
|---|---|
| Twitter: | @jeffersonbethke |
| Facebook: | fb.com/jeffersonbethkepage |
| Instagram: | instagram.com/jeffersonbethke |

# MEIN DANK GEHT AN ...

... Alyssa, die jederzeit meine größte Ermutigerin und Unterstützerin ist. Ich kann mir nicht vorstellen, ohne dich als meine bessere Hälfte durchs Leben zu gehen oder auch nur ein Buch zu schreiben. Ich liebe dich!

... Curtis, Matt, Sealy und Mike, die an mich geglaubt haben. All das wäre nicht möglich gewesen, wenn ihr nicht der Meinung gewesen wärt, ich sei einen Versuch wert. Danke, dass ihr euch auf mich eingelassen habt.

... das Team bei *Thomas Nelson*. Es ist immer ein seltsames Gefühl, wenn nur mein Name auf dem Cover eines Buches steht. Ich kann ja hinter die Kulissen schauen, und mir ist klar, wie sehr es ein Gemeinschaftsakt ist, ein Buch zu schreiben, zu überarbeiten, herauszubringen und zu vermarkten. Danke – ihr seid das beste Verlagsteam!

... Angela. Ich kann mir wirklich nicht vorstellen, ohne deine Hilfe ein Buch zu schreiben. Den Schliff, den das Buch in seiner endgültigen Fassung hat, habe ich nur dir zu verdanken. Ich stehe für immer in deiner Schuld, weil du es schaffst, aus meinen schwachen, kaputten und oft ADHS-geprägten Worten etwas Zusammenhängendes zu machen.

... die Familie Pryor, die Alyssa und mich so liebt. Euer Dienst als Mentoren und Freunde hat uns im vergangenen Jahr unglaublich geprägt. Als ich das Buch noch einmal gelesen habe, wurde mir klar, wie zentral ihr für unser Wachstum und unseren Lernprozess als Familie wart. Danke, dass ihr uns gezeigt habt, was es heißt, Jesus wirklich nachzufolgen.

# LESETIPPS

Nachfolgend findest du eine Liste meiner Lieblingsbücher, die dazu beigetragen haben, die einzelnen Kapitel zu gestalten, die mich geleitet und inspiriert haben. Einige wurden von christlichen Autoren geschrieben, andere nicht. Manche bieten eine einfache Lektüre, andere sind kompakte, dicke Lehrbücher, bei denen mir nach zwei Seiten der Schädel platzt. Deshalb habe ich auch nicht jede einzelne Seite in jedem dieser Bücher gelesen, denn manche sind sehr akademisch oder eher Nachschlagewerke. Ich stimme auch nicht mit allen Inhalten und Formulierungen darin völlig überein. Aber trotzdem hoffe ich, dass du ein paar davon liest und dass sie dich ebenso ermutigen wie mich. Es gibt nichts Besseres, als sich völlig in ein gutes Buch zu vertiefen, und hier stehen ein paar, bei denen ich das getan habe.[1]

*Kapitel 1: Deine Geschichte ist anders, als du denkst*

- Jonah Lehrer: *Imagine!: Wie das kreative Gehirn funktioniert*, C. H. Beck Verlag.
- Malcolm Gladwell: *Tipping Point: Wie kleine Dinge Großes bewirken können*, Goldmann Verlag.
- N. T. Wright: *Reich Gottes, Kreuz, Kirche*, Francke Verlag.

*Kapitel 2: Der Tempel ist anders, als du denkst*

- Timothy Keller: *Kirche in der Stadt*, pulsmedien.

*Kapitel 3: Die Menschen sind anders, als du denkst*

- Charles H. Spurgeon: *Ganz aus Gnade*, Heroldverlag.
- C. S. Lewis: *Was man Liebe nennt*, Brunnen Verlag.
- Timothy und Kathy Keller: *Ehe*, Brunnen Verlag.

*Kapitel 4: Du bist anders, als du denkst*

- *Geliebt sein. Henri Nouwen im Gespräch mit Philip Roderick*, Verlag Herder.
- Timothy Keller: *Der verschwenderische Gott*, Brunnen Verlag.
- Watchman Nee: *Sitze, Wandle, Stehe*, Der Strom.

*Kapitel 5: Der Sabbat ist anders, als du denkst*

- John Ortberg: *Hüter meiner Seele*, Gerth Medien.
- Sherry Turkle: *Verloren unter 100 Freunden*, Riemann Verlag.
- Watchman Nee: *Der geistliche Christ*, Ökumenischer Verlag.
- Andrew Murray: *Bleibe in Jesus*, Heroldverlag.
- Abraham Joshua Heschel: *Der Sabbat. Seine Bedeutung für den heutigen Menschen*, Neukirchener Verlag.

*Kapitel 6: Anbetung ist anders, als du denkst*

- Timothy Keller: *Es ist nicht alles Gott, was glänzt*, Gerth Medien.
- Kyle Idleman: *Das Herz eines Nachfolgers*, Gerth Medien.
- C. S. Lewis: *Die große Scheidung*, Brunnen Verlag.

*Kapitel 7: Das Reich Gottes ist woanders, als du denkst*

- N. T. Wright: *Jesus: Wer er war, was er wollte und warum er für uns wichtig war*, Francke Verlag.
- Ann Voskamp: *Tausend Geschenke*, Gerth Medien.

- J. Oswald Sanders: *Geistliche Leiterschaft*, Christlicher Missions-Verlag.
- Jennie Allen: *alles.: Wie ein kleines Gebet mein Leben radikal veränderte*, Brunnen Verlag.

*Kapitel 8: Zerbrochenheit ist anders, als du denkst*

- Watchman Nee: *Freiheit für den Geist*, Evangelischer Schriften-Verlag Schwengeler.
- Randy Alcorn: *Der Himmel*, SCM Hänssler.
- Francine Rivers: *Die Liebe ist stark*, Gerth Medien.

*Kapitel 9: Das Abendmahl ist anders, als du denkst*

- Shauna Niequist: *Brot und Wein: Eine Einladung, das Leben zu feiern und Gemeinschaft zu genießen*, Gerth Medien.

# ÜBER DEN AUTOR

Hallo an alle!

Dieses „Über den Autor" ist eine komische Sache, weil normalerweise nur allgemeine Infos in der 3. Person drinstehen. Und es ist komisch, dass es am Ende des Buches steht, weil ich sagen würde, dass du auf den letzten 200 oder so Seiten schon jede Menge über mich erfahren hast. Außerdem ist es schwierig, weil wir uns nicht beim Essen unterhalten, wo Alyssa und ich am liebsten neue Leute kennenlernen.

Aber egal, ich dachte, ich fang mal an, um dieses peinliche Gefühl zu überwinden. Wie du gelesen hast – weil ich sie einfach Dutzende Male erwähnen musste –, bin ich mit einer unglaublichen Frau verheiratet, Alyssa. Wir leben auf Maui, Hawaii, wo Alyssa nach dem Studium gelebt hat und wo sie auch gelebt hat, als wir uns kennengelernt haben. Wir haben eine wunderschöne einjährige Tochter namens Kinsley und einen Labrador-Welpen namens Aslan (ich bin ein großer Narnia-Fan). Meistens verbringen wir unsere Zeit als Familie gemeinsam am Strand oder draußen, arbeiten zusammen an Videos für YouTube oder Podcasts oder schauen uns ein paar Folgen unserer Lieblingsserie an, den *Gilmore Girls*. (Will ich wirklich, dass das hier steht? Na gut.)

Das bin ich dann also (hoffentlich nicht nur!). Ich würde liebend gern deine Geschichte hören, soweit sie dieses Buch betrifft oder überhaupt. Meine Kontaktdaten stehen unten. Trau dich ruhig, Fragen zu stellen, dich kritisch zu äußern, zu hinterfragen oder einfach nur Hallo zu sagen. Ich freue mich auf dich.

| | |
|---|---|
| Twitter: | www.twitter.com/jeffersonbethke |
| Instagram: | www.instagram.com/jeffersonbethke |
| Snapchat: | jeffersonbethke |
| Facebook: | www.facebook.com/jeffersonbethkepage |
| Youtube: | www.youtube.com/bball1989 |

# QUELLENNACHWEIS


*Kapitel 1: Deine Geschichte ist anders, als du denkst*

1 Ich denke, dass es vielen Menschen, die in christlichen Familien aufgewachsen sind, ähnlich geht. Sie hatten unter Umständen auch kein dramatisches Bekehrungserlebnis. Aber vergiss nicht: Du musst dein Geburtsdatum nicht kennen, um zu wissen, dass du geboren wurdest. Hutson, Curtis: *Salvation Crystal Clear*. Sword of the Lord, Murfreesboro, TN 1991, S. 199.

2 Eines will ich klarstellen: Diese Armbänder und ähnliche Hilfsmittel sind sehr nützlich und haben ihre Berechtigung, aber sie dürfen keine Einheitskurzfassung des Evangeliums liefern. Wir sollten jede Gelegenheit ergreifen, von der großartigsten Geschichte überhaupt zu erzählen – aber nicht mithilfe von Kurzversionen oder Formeln.

3 1. Mose 1,26–27

4 Diese Unterscheidung habe ich zum ersten Mal in Jonathan Martins Buch *Prototype* gelesen.

5 1. Mose 1,27 (Hervorhebung des Autors)

6 Willard, Dallas: *The Divine Conspiracy*. HarperCollins, New York 1998.

7 Franzoni, David (Drehbuch): *Amistad*. Regie: Steven Spielberg. Paramount Home Entertainment 2006, DVD.

8 Wright, N. T.: *Surprised by Scripture*. HarperOne, San Francisco 2014, S. 138.

9 Robinson, Sir Ken: „Changing Paradigms". Vortrag vor der *Royal Society of Arts* am 16. Juni 2008, RSA House, London. https://www.thersa.org/discover/videos/event-videos/2008/06/changing-paradigms

10 Johannes 3,3
11 Wright: *Surprised by Scripture.* S. 135.
12 Gott kann und wird jedes Mittel gebrauchen, um uns zu sich zu ziehen. Er ist größer als unsere Methoden und kann und wird unsere bruchstückhaften, schwachen und manchmal verzerrten Versuche, das Evangelium weiterzugeben, benutzen. Aber nur weil er unser Versagen für sein Reich nutzen kann, sollte uns das nicht davon abhalten, nach der besten Lösung zu suchen und eine bessere Geschichte zu erzählen.

*Kapitel 2: Der Tempel ist anders als du denkst*

1 Jesaja 66,1
2 2. Mose 3,7
3 2. Mose 29,45
4 Offenbarung 21,3
5 2. Mose 25,8; 3. Mose 26,12; Sacharja 2,10; 2. Korinther 6,16; Offenbarung 21,3
6 1. Könige 6,1; Chronik 22
7 Jeremiah 52
8 Psalm 137,1–3
9 Lukas 19,44 (Gute Nachricht)
10 2. Könige 9,9–10
11 Matthäus 24
12 Wright, N. T.: *Matthäus für heute*, Teil 2. Brunnen Verlag, Gießen 2013.
13 Matthäus 21,13 (Luther)

*Kapitel 3: Die Menschen sind anders, als du denkst*

1 1. Mose 3,7–8
2 1. Mose 3,9–11

3 1. Mose 3,11

4 Als Gott später König David die Pläne für den Tempel zeigt, befindet sich der Eingang im Osten, was bedeutet, dass die Menschen nach Westen gehen müssen, um in den Tempel und damit in die Gegenwart des lebendigen Gottes zu gelangen. Es ist, als wolle Gott sagen, der Tempel sei ein kleiner Garten Eden, ein Fleckchen, wo Wiederherstellung herrscht. Ein Überbleibsel des Garten Eden.

5 Psalm 19,10–11

6 Micha 6,8

7 Lewis, C. S.: *Was man Liebe nennt.* Brunnen Verlag, Basel 1998[6], S. 122.

8 Brueggemann, Walter: *Sabbath as Resistance: Saying No to the Culture of Now.* John Knox, Louisville 2014, S. 26.

9 Mit der winzigen Ausnahme, dass er einmal zu einem vorbeikommenden Wanderer Hallo gesagt hatte.

*Kapitel 4: Du bist anders, als du denkst*

1 Wright, N. T.: *Surprised by Hope.* HarperOne, San Francisco 2008, S. 29.

2 Lukas 3,22

3 Martin, Jonathan: *Prototype: What Happens When You Discover You're More Like Jesus Than You Think?* Tyndale, Chicago 2013, S. 18.

4 Matthäus 4,3.6

5 Lukas 15,15–16

6 Hosea 2,16

7 Matthäus 3,17

*Kapitel 5: Der Sabbat ist anders, als du denkst*

1 Ortberg, John: *Hüter meiner Seele.* Gerth Medien GmbH, Asslar 2015, S. 184.

2 Ein Dank an Curtis Yates, der mir genau diese Frage gestellt hat, als ich an diesem Buch schrieb.

3 Murphy, Kate: „No Time to Think“, in: *New York Times*, 25. Juli 2014. http://www.nytimes.com/2014/07/27/sunday-review/no-time-to-think.html?referrer&_r=0

4 Louis C. K. in einem Interview mit Conan O’Brien in: *Conan*, auf dem US-Sender TBS, 20. September 2013.

5 Turkle, Sherry: „The Documented Life“, in: *New York Times*, 15. Dezember 2013. http://www.nytimes.com/2013/12/16/opinion/the-documented-life.html

6 Heschel, Abraham Joshua: *The Sabbath*. Straus and Giroux, Farrar 2005.

7 Heschel, Abraham Joshua: *God in Search of Man*. FSG, New York 1976, S. 417.

8 Kolosser 2,16

*Kapitel 6: Anbetung ist anders, als du denkst*

1 Lewis, C. S.: *Die große Scheidung*. Johannes Verlag, Einsiedeln, Freiburg i. Br. 2013[12].

2 Pornografie – Ein Milliardengeschäft: https://www.netzsieger.de/ratgeber/internet-pornografie-statistiken

3 Psalm 115,8

4 Psalm 115,4–5

5 Offenbarung 5,13

*Kapitel 7: Das Reich Gottes ist woanders, als du denkst*

1 Ich habe diese Gedanken oft gelesen, erinnere mich aber am besten an das Buch *Unlost* von Michael Hidalgo, in dem er erklärt, dass die römischen Kaiser viele Titel hatten, die Jesus auch für sich in Anspruch nahm.

2 Matthäus 4,17

3 Matthäus 8,2

4 Matthäus 8,3

5 Johannes 13,4–5

6 Johannes 13,16

7 Wright, N. T.: *Simply Jesus: A New Vision of Who He Was, What He Did, and Why He Matters.* HarperCollins, New York 2011, S. 218.

8 Sehgal, Ujala und Robert Johnson: „15 Facts About Military Spending that Will Blow Your Mind", in: *Business Insider.* 14. Oktober 2011. http://www.businessinsider.com/military-spending-budget-defense-cuts-2011-10?op=1

9 Lukas 19,42

10 Matthäus 5,43–45

11 Die meisten Herrscher lassen ein gewisses Maß an Freiheit zu, weil sie wissen, dass es zu Aufständen kommen wird, wenn sie es nicht tun. In Rom herrschte eine sehr pluralistische Kultur. Die Bewohner hatten sogar andere Götter angenommen, aber alles unter dem Banner dessen, der in Wahrheit Macht und Kontrolle hatte. Den Juden wurde die Anbetung gestattet und sie waren sogar von manchen römischen Gesetzen ausgenommen. Aber auch sie lebten in einem besetzten Land und hatten viele Freiheiten nicht, die sie als eigenständige Nation gehabt hätten. Der Schatten Roms lag immer über ihnen.

12 Ich möchte hier klarstellen, dass nicht alle Muslime eine brutale, gewaltsame Diktatur wollen. Ich habe viele friedliebende, liebevolle und freundliche Freunde in anderen Religionen. Aber es macht mich traurig, dass sie Jesus nicht kennen. Ich versuche nur, den bestmöglichen Vergleich zwischen dem Amerika des 21. Jahrhunderts und der politischen Situation im 1. Jahrhundert zu ziehen.

13 Zahnd, Brian: *Beauty Will Save the World.* Charisma House, Lake Mary, Florida 2012, S. 217.

14 Jesaja 2,4
15 Kolosser 3,17
16 1. Timotheus 4,4–5
17 1. Thessalonicher 5,18

*Kapitel 8: Zerbrochenheit ist anders, als du denkst*

1 In Mark Comers Buch *Loveology* habe ich zum ersten Mal von dieser Unterscheidung zwischen Wunden und Narben gelesen.
2 Voskamp, Ann: „When There are Wars and Planes Fall from the Sky: How to Face the Problem of Evil and the Greater Problem of Good", auf: *A Holy Experience*, 22. Juli 2014. http://www.aholyexperience.com/2014/07/when-there-are-wars-planes-fall-from-the-sky-how-to-face-the-problem-of-evil-the-greater-problem-of-good
3 Zefania 3,17
4 1. Korinther 6,18
5 Bahadur, Nina: „If People Talked About Stolen Wallets the Way People Talk About Rape", auf: *Huffington Post*, 20. November 2014. http://www.huffingtonpost.com/2014/11/20/caitlin-kelly-if-rape-were-a-wallet_n_6191588.html
6 Rabin, Roni Caryn: „Nearly 1 in 5 Women in U.S. Survey Say They Have Been Sexually Assaulted", auf: *New York Times*, 14. Dezember 2011. http://www.nytimes.com/2011/12/15/health/nearly-1-in-5-women-in-us-survey-report-sexual-assault.html?_r=0. Laut der Polizeilichen Kriminalstatistik wurden 2015 in Deutschland gut 7 000 Fälle von Vergewaltigung und sexueller Nötigung angezeigt. Die Dunkelziffer ist jedoch noch höher. https://www.bmi.bund.de/SharedDocs/Downloads/DE/Broschueren/2016/pks-2015.pdf?__blob=publicationFile
7 Johannes 20,25
8 Johannes 20,27

*Kapitel 9: Das Abendmahl ist anders, als du denkst*

1 Spangler, Ann und Lois Tverberg: *Sitting at the Feet of Rabbi Jesus: How the Jewishness of Jesus Can Transform Your Faith.* Zondervan, Grand Rapids 2009, S. 139–145.
2 Matthäus 9,11
3 Tolkien, J. R. R.: *Der Hobbit.* Klett-Cotta, Stuttgart 1998, S. 296.
4 Louis C. K. in einem Interview mit dem Talkshowmoderator Conan O'Brien in *Conan*, auf dem US-Sender TBS, 20. September 2013.
5 Halík, Thomáš: *Night of the Confessor: Christian Faith in an Age of Uncertainty.* Doubleday Religion, New York 2012, S. 176.
6 Lukas 24,13–27
7 Lukas 24,30–32
8 Psalm 78,19
9 Hosea 2,16 (Gute Nachricht)
10 Offenbarung 19,9
11 Offenbarung 7,9–10

*Lesetipps*

1 In die deutsche Ausgabe wurden ausschließlich die Titel aufgenommen, die auch tatsächlich auf Deutsch erschienen sind.

Der Verlag weist ausdrücklich darauf hin, dass im Text enthaltene externe Links nur bis zum Zeitpunkt der Buchveröffentlichung eingesehen werden konnten. Auf spätere Veränderungen hat der Verlag keinerlei Einfluss. Eine Haftung des Verlags für externe Links ist stets ausgeschlossen.

MIX
Papier aus verantwortungsvollen Quellen
FSC® C014496

Originally published in the U.S.A. under the title: *It's not what you think*.
Published by arrangement with Thomas Nelson, a division of HarperCollins Christian Publishing, Inc.


1. Auflage 2017
Bestell-Nr. 817174
ISBN 978-3-95734-174-7

Umschlaggestaltung: Björn Steffens unter Verwendung von Shutterstock
Satz: DTP-Verlagsservice Apel, Wietze
Druck und Verarbeitung: GGP Media GmbH, Pößneck
Printed in Germany

www.gerth.de